上海三联人文经典书库

83

旧世界的相遇

近代之前的跨文化联系与交流

[美] 杰里·H.本特利 著

李大伟 陈冠堃 译 施诚 校

OLD WORLD ENCOUNTERS: CROSS-CULTURAL CONTACTS AND EXCHANGES IN PRE-MODERN TIMES

上海三联书店

"十二五"国家重点图书出版规划项目

国家出版基金资助项目

总　序

陈　恒

　　自百余年前中国学术开始现代转型以来，我国人文社会科学研究历经几代学者不懈努力已取得了可观成就。学术翻译在其中功不可没，严复的开创之功自不必多说，民国时期译介的西方学术著作更大大促进了汉语学术的发展，有助于我国学人开眼看世界，知外域除坚船利器外尚有学问典章可资引进。20世纪80年代以来，中国学术界又开始了一轮至今势头不衰的引介国外学术著作之浪潮，这对中国知识界学术思想的积累和发展乃至对中国社会进步所起到的推动作用，可谓有目共睹。新一轮西学东渐的同时，中国学者在某些领域也进行了开创性研究，出版了不少重要的论著，发表了不少有价值的论文。借此如株苗之嫁接，已生成糅合东西学术精义的果实。我们有充分的理由企盼着，既有着自身深厚的民族传统为根基、呈现出鲜明的本土问题意识，又吸纳了国际学术界多方面成果的学术研究，将会日益滋长繁荣起来。

　　值得注意的是，20世纪80年代以降，西方学术界自身的转型也越来越改变了其传统的学术形态和研究方法，学术史、科学史、考古史、宗教史、性别史、哲学史、艺术史、人类学、语言学、社会学、民俗学等学科的研究日益繁荣。研究方法、手段、内容日新月异，这些领域的变化在很大程度上改变了整个人文社会科学的面貌，也极大地影响了近年来中国学术界的学术取向。不同学科的学者出于深化各自专业研究的需要，对其他学科知识的渴求也越来越迫切，以求能开阔视野，迸发出学术灵感、思想火花。近年来，我们与国外学术界的交往日渐增强，合格的学术翻译队伍也日益扩大，同时我们也深信，学术垃圾的泛滥只是当今学术生产面相之一隅，高质量、原创作的学术著作也在当今的学术中坚和默坐书斋的读书种子中不断产生。然囿于种种原因，人文社会科学各学科的发展并不平衡，学术出版方面也有畸轻畸重的情形（比如国内还鲜有把国人在海外获得博士学位的优秀论文系统地引介到学术界）。

　　有鉴于此，我们计划组织出版"上海三联人文经典书库"，将从译介西学成果、推出原创精品、整理已有典籍三方面展开。译介西学成果拟从西方近现代经典（自文艺复兴以来，但以二战前后的西学著作为主）、西方古代经典（文艺复兴前的西方原典）两方面着手；原创精品取"汉语思想系列"为范畴，不断向学术界推出汉语世界精品力作；整理已有典籍则以民国时期的翻译著作为主。现阶段我们拟从历史、考古、宗教、哲学、艺术等领域着手，在上述三个方面对学术宝库进行挖掘，从而为人文社会科学的发展作出一些贡献，以求为 21 世纪中国的学术大厦添一砖一瓦。

作者简介

杰里·H.本特利(Jerry H. Bentley),1949 年生,美国夏威夷大学教授,曾任《世界历史》主编,前美国世界历史协会主席,首都师范大学全球史研究中心特聘教授。早年从事文艺复兴史研究,之后转向全球史研究。主要著作有《人文主义者与〈圣经〉》、《新全球史》、《旧世界的相遇》等。

目 录

中译本序言

刘新成

今年夏天的一个清晨,短信铃声把我从睡梦中惊醒,打开手机一看,是卡罗尔女士从夏威夷发来的,告知她的先生,即本书作者杰里·本特利教授已于几个小时前与世长辞。虽然早有心理准备,虽然一个月前我还专程赴其寓所见了最后一面,但噩耗传来,我仍感到十分悲伤。他只有62岁,正处在全球史研究的高峰期,遽然离世,对世界历史学来说实在是一大损失。何况他还是朋友圈中公认的"谦谦君子",温文尔雅,他的故去怎能不让人格外感到心痛。作为全球史的传播者,本特利教授在中国有许多朋友,今天,他的《旧世界的相遇》一书中文版问世,可视为我们这些中国朋友对他的一种缅怀。

本特利1949年出生,是家中长子,小时候生活在美国南部。美国南方浓厚的宗教氛围对他有深刻影响。他从小就经常跟随父母去教堂,中学时代即对奥古斯丁等古典作家产生兴趣,并常常为深奥的神学问题陷入沉思。

在田纳西大学读本科期间,受文艺复兴研究专家的影响,本特利深感理解人比理解文本更重要,于是阅读兴趣从宗教经典转向人物传记,在心灵深处打下人本主义思想的根基。1968—1969年,在美国反(越)战高潮中,他以一篇关于伊拉斯谟和平思想的评论享誉校园。

研究生阶段,本特利转入明尼苏达大学,主攻文艺复兴时期的人文主义,于1974年和1976年先后获得硕士和博士学位。在此期间,他受到严格的历史技能训练,研习了法语、西班牙语、荷兰语、拉丁语、希腊语等多种欧洲语言,与此同时,他的自身认同也从宗教信徒转向人文学者。

走出校门,本特利即到夏威夷大学任教,除授课外,还从事欧洲文艺复兴研究。1976—1987年,他在该领域先后发表8篇论文和两本专著。其中1983年出版的《人文主义者与圣经:文艺复兴时期的新约研究》一书,揭示了解读希腊文版《新约》对人文主义学术的推动作用;1987年由普林斯顿大学出版社出版的专著《文艺复兴时期那不勒斯的政治与文化》一书则探讨了人文主义者作为公共知识分子的文化影响力。本特利后来回忆说,较之思想史、制度史等传统热门领域,他更喜欢文化史,文化史熔信仰、价值、习俗与日常生活研究于一炉,以"生活意义的追问者"为研究对象,这非常符合他的学术旨趣,因为他本人人生目标就是成为这样一名"追问者"。

本特利的上述论著,曾被译为意大利文出版,由此可见其学术价值。但是就在文化史已取得令人瞩目的成就之时,他却作出"学术转向"。为大学一年级学生讲授世界史的经历和夏威夷的多元文化特征,使他这个虽然成长于单一文化环境,但却十分敏感的年轻人从新奇、兴奋逐渐转入深沉的思索。他首先对局限于西方文明的研究取向进行了自我否定,进而提出一个前人鲜有涉及的问题:西方文明是一个孤立的文明吗?她真的那么纯粹?她难道不是在与其他文明的互动中演进?正是对这些问题的求索,启发了本特利对世界历史的新认识。

本特利在讲授世界史时,依托夏威夷大学的强势学科——亚太史,尽量以一种相对平衡的、非欧洲中心主义的方式编写教案,对传统的世界史分期、分区方式进行大胆改革,努力打造一门新的世界史课程。1987年本特利以夏威夷大学历史系历史上第一位世界史专家的身份晋升为教授,这时他已经开设了多门世界史研究生课程,使该校成为美国首批设立世界史博士点的学校之一。同年,他因业绩突出获得校长颁发的"杰出教学奖"。

1982年美国"世界历史学会"成立,本特利是创建者之一,后来还担任常务理事。1990年会刊《世界历史杂志》创刊,本特利是创刊者并一直担任主编,直至去世。鉴于本特利教授的"掌门人"地位,世界历史学会总部和《世界历史杂志》社均设在夏威夷大学。如今世界历史学会已经成为具有国际影响力的学术组织,《世界历史杂志》也成为全球史领域最著名的两种杂志之一。伴随这一会一刊的发展,世界史学/全球史也进入空前繁荣的阶段,本特利教授逐渐成为国际知名的世界史学家。

本特利在世界史领域的不辍耕耘取得丰硕成果,其中产生重大学术影响的有:1997 年发表于《美国历史评论》的论文"跨文化互动与世界史分期";1996 年提交美国历史学会的专题论文"20 世纪学术史中的世界史";1993 年发表的专著《旧世界的相遇》;2005 年参与主编的 5 卷本《博克夏世界史百科全书》,以及 2011 年独立主编的《牛津世界史手册》。他最有影响力的著作当属与另一作者合编的世界史教材《传统文明及其相遇》,该教材自 2000 年初版以来,至 2011 年出了第五版,成为英语世界使用最广泛的世界史教材。本特利有两篇世界史论文分别被译为中文和德文,《传统文明及其相遇》一书也于 2007 年由北京大学出版社出版中译本,书名为《新全球史》。

本特利的原创性学术成就在于从跨文化互动的角度对人类历史进行了重新解读。为说明其价值,有必要回顾西方的世界史学史。

历史学的本质是主观建构,"究天人之际,通古今之变"固然由古代东方人提出,但西方古典史学也抱持同样的宗旨,关涉宏观叙事,尤其如此。西方古代中世纪的世界史学一方面受希伯来精神和基督教影响,把人类生活规定为具有客观归宿的活动,另一方面在古希腊理性传统和中世纪经院哲学的影响下,把人类历史描述为一种前后相衔、因果相接的单向直线运动。"千年王国"是人类命运的最终归宿,个人和集体的救赎乃是抵达"上帝之城"的必由之路。启蒙运动以后,上帝主宰论被理性决定论所取代,但目的论、进化论的思维方式并没有变化,如康德所言,世界历史的目的仍是展现历史的合目的性和合规律性。历史进步的因子从上帝的

"选民"替换为潜在的理性之后,理性的开启程度便成为世界历史叙述的基本线索。在基佐将物质和精神的进步统称为"文明"之后,西方人从知识生产和武力扩张双重角度见证了西方文明的先进性,理性进化论从而转化为西方优越论。从18世纪至20世纪初,西方人花样翻新的"文明史"、"文明论"其实是在不断重复一个主题,即西方文明依靠其比较优势,促进世界其他地区文明化,带领他们走向全球文明。在这些描述中,西方民族国家是文明的标准,所以世界史的叙述以民族国家为基本单位。20世纪,世界巨变,两次世界大战、战后民族独立运动、后现代主义、全球化等等,无不彻底颠覆西方的理性神话,无不展示世界的多元一体性质。西方中心论遭到空前的质疑,目的论和单线进化论受到无情的解构。面临质疑和挑战,西方世界史学家曾作出理智的回应:汤因比指出人类文明形态的多样性;布罗代尔弱化民族国家的作用,指出由不同民族和不同国家组成的文化共同体才是世界历史舞台的主角;麦克尼尔认为,世界历史的核心内容是全球一体化过程。然而更多的西方史学家在质疑和挑战面前采取回避态度,认为所有宏大叙事都含有空想色彩,不符合科学规范。正是在这种背景下,本特利站在前述几位史学大师的肩膀上,坦然面对对宏观史学的非难乃至鄙夷,以一个"生活意义追问者"的执著心态为创建新的世界历史体系而苦苦探索,经过多年努力终于形成独特的叙述框架。他摒弃历史目的论,但同时承认世界历史存在于"人口增长、技术的进步与传播、不同社会之间日益增长的交流"三大过程当中,体现为移民、物种交换、社会发展、商品流通、文化交流、帝国主义六大主题。他格外关注跨民族、跨区域、跨文化人群之间的互动,既否定文明的"单纯性"从而动摇了西方中心论的根基,又弥补了西方世界史学一味以民族国家为单位所造成的叙述盲点。本特利的这些观点集中体现在其影响巨大的教科书《传统文明及其相遇》中(参见拙文《新全球史》中文版序言),这样,本特利就不仅回答了宏观历史有无必要的问题,同时为世界历史如何撰写提供了样本。

　　本书《旧世界的相遇》是作者转向全球史研究的第一部著作,

比《传统文明及其相遇》一书早发表 8 年,可视为后者的"前奏"。本书以世界范围的跨文化互动为主题,而时间节点选在 1492 年以前。这一时间选择体现了作者的良苦用心。传统世界史观认为,世界各地之间建立联系是"地理大发现"之后的事,而且整个过程以西方人为主导,因此从"相互关联"的角度审视世界史,只能以1492 年为起点,而且必须仍然承认"西方中心"。而本书则揭示,人类自诞生以来,不同群体之间就存在不同程度的互动关系,而且不乏"世界性","地理大发现"之后的"世界关联史"只是人类群体互动史的继续,"世界连为一体的历史"并非从 1492 年开启。

我与本特利教授相识于 2004 年初,当时我为修订吴于廑和齐世荣先生主编的《世界史》在美国访问交流。许多美国学者向我推荐了本特利教授的论文和教材。捧读之下,受益匪浅,于是从网上查到通讯地址贸然给他发了封电子邮件。没想到很快就收到他的回复,并被邀请到夏威夷大学一晤。我从东部前往夏威夷,本特利恰好也从波士顿回返,同在旧金山转机,相约机场问讯处会面,初次见面的情形至今仍历历在目。从此以后我们往来频繁。2004 年首都师范大学历史系举办"世界通史教学与研究国际研讨会",本特利专门邀请了 10 位不同国家的全球史学家与会。会议期间,首师大成立"全球史研究中心",本特利受聘为名誉主任,并担任该中心刊物《全球史评论》的学术顾问。从 2006 年起,本特利连续 6 年被首都师范大学聘为客座教授,每年两次来校授课,并促成国际世界史学会 2011 年年会在首都师范大学召开。至 2011 年末,本特利教授先后到首师大教学、造访达 16 次之多,与该校师生结下深厚友谊,也为中国的全球史事业作出了贡献。据国外同仁介绍,本特利为全球史在意大利和德国的开展也曾不遗余力地奔波,难怪人们称他为"飞翔于世界各地的学者"。从《传统文明及其相遇》第二版开始,每次推出新版,本特利都送我一本,并在扉页写下相同的赠言,赠言的开头总是"以全球史的名义"。"以全球史的名义",愿世界各地的全球史学者都在这一旗帜下,加强学术交流,推动世界历史学的发展。我想,这是对本特利教授的最好纪念。

献给简妮

前　言

　　克里斯托弗·哥伦布在西半球的远航是世界历史发展的重要转折之一。1492年哥伦布航行之后，跨文化交流对世界各民族的经历产生了重大影响。很多学者在研究长途贸易、技术传播、帝国和殖民活动、大规模移民、动植物和疾病传播以及跨文化传教活动的同时，都注意到了近代跨文化交流的影响。

　　但是，跨文化交流既非始于1492年，也非始于欧洲人。在早期人类生活中，跨文化交流就已经成为世界历史的普遍现象。本书主要考察近代以前跨文化交流的动力，强调不同文明状态下各民族交流的文化影响，认识和理解各民族在不同文明和传统下跨文化改宗、冲突和妥协的方式，尤其关注"跨文化改宗"这一历史现象（跨文化改宗是一个复杂的过程，涉及跨文化的信仰和价值观念的交流，并有可能导致整个社会彻底发生变化），最后在更大的政治、社会和经济背景中展现世界文化的发展。

　　自古以来，文化就广泛传播，并且经常遭到强烈抵制，而"跨文化改宗"这一概念也饱受争议。实际上，如果没有强大的政治、社会或经济动因，只有外邦人①才会改宗异域文化传统。贸易或政治结盟有时会引起人们对异域文化传统的关注，国家政治和军事支持也会推动文化传统传播。然而，即使得到了政治、社会或经济支持，如果缺少文化融合的过程，也只有外邦人才会支持异域文化传统传播。文化融合意味着相互妥协，即在一种新的文化结构中，不

---

① 外邦人指生活在异地的群体，故被当地社会称之为外邦人。——译注

仅要包涵当地固有的信仰、价值观念和风俗,而且还要融合传播至此的异域文化传统。可以说,文化融合对跨文化改宗和宗教、文化传统传播带来了深刻影响,明确了交流界限,调和了文化传统之间的差异。

《旧世界的相遇》一书的出版得到了来自各方的帮助、建议和支持。夏威夷大学艺术与人文中心的学院奖学金对本书的写作和修改提供了极大资助。这里还要专门感谢各个领域的同事,他们的建议和批评使本书更加完善,其中包括罗杰·T.埃姆斯(Roger T. Ames)、罗杰·B.贝克(Roger B. Beck)、戴维·W.夏贝尔(David W. Chappell)、阿尔弗雷德·W.克罗斯比(Alfred W. Crosby)、菲利普·D.科廷(Philip D. Curtin)、埃尔顿·L.丹尼尔(Elton L. Daniel)、格拉迪斯·弗兰茨-墨菲(Gladys Frantz-Murphy)、卡伦·L.朱莉(Karen L. Jolly)、弗兰西斯·卡特纳(Frances Karttunen)、戴维·科普夫(David Kopf)、郭颖颐(Daniel W. Y. Kwok)、威廉·H.麦克尼尔(William H. McNeill)、约翰·A.米尔斯(John A. Mears)、简·纳迪埃(Jan Nattier)、卡拉·瑞恩(Carla Rahn)、威廉·D.菲利普斯(William D. Phillips)、阿利森·波斯卡(Allyson Poska)、詹姆士·D.特雷西(James D. Tracy)和赫伯特·F.齐格勒(Herbert F. Ziegler)。非常感激的是,当我鲁莽地闯入诸多"学术禁地"而需要更多的专业知识支持时,他们不仅给予支持,还提供了良好的建议。最后,我还要特别感谢我的妻子简妮,她总是使我充满希望。

杰里·H.本特利
1992年3月于檀香山

第一章　跨文化联系与交流

示巴女王听见所罗门因耶和华之名所得的名声，就来要用难解的话试问所罗门（10：1）。跟随她到耶路撒冷的人甚多，又有骆驼驮着香料，宝石，和许多金子（10：2）……希兰的船只从俄斐运了金子来，又从俄斐运了许多檀香木（或作乌木，下同）和宝石来（10：11）。[①]

——《新旧约全书·列王记1》

古代以色列有一位匿名历史学家曾记载了所罗门王室的商业 3
活动。他更在乎对耶和华的崇拜，而非贸易网络和政治结盟的演变，但示巴女王亲自从阿拉伯半岛南部前往所罗门王的宫廷拜访并馈赠礼品的事情，让其大为感慨。除此之外，他还详细描述了所罗门建造的奢华神殿。这个神殿装饰着来自俄斐（大致在也门或索马里，也有学者认为在莫桑比克或津巴布韦）的黄金、宝石和珍稀木材。最后，他还提到了所罗门王在亚喀巴湾头以旬迦别建立港口和海军，与腓尼基地区推罗的国王海拉姆（Hiram of Tyre）结盟，控制了埃及到叙利亚之间的马匹和战车贸易等。[②]

---

① 中国基督教协会、中国基督教三自爱国运动委员会，《新旧约全书·旧约》，南京：南京爱德印刷有限公司，1981年，第421页。作者引文出自《圣经》（钦定本）版本，该版本是英国国王詹姆斯一世发布诏令，经过英国圣公会近五十名学者编订而成，1611年正式出版。——译注

② 译者按：《新旧约全书·旧约》对此记载："所罗门聚集战车马兵，有战车一千四百辆，马兵一万二千名，安置在屯车的城邑和耶路撒冷，就是王那里（10：26）……所罗门的马是从埃及带来的，是王的商人一群一群按着定价买来的（10：28）。（转下页）

所罗门的经济和政治活动产生了深刻的文化影响。为了寻求政治结盟,所罗门与很多王朝都建立了联姻关系,他的妻妾包括埃及法老的女儿和中东各地的女人。为了外交需要和维持和睦的关系,所罗门允许他的妻妾保持原来的信仰,甚至在耶路撒冷为她们建造圣坛和祭台。这位虔诚的历史学家对此大为不满。

> 耶和华向所罗门愤怒,因为他的心偏离向他两次显现的耶和华以色列的神(11:9)。耶和华曾吩咐他不可随从别神。他却没有遵守耶和华所吩咐的(11:10)。所以耶和华对他说:"你既行了这事,不遵守我所吩咐你守的约和律例,我必将你的国夺回,赐给你的臣子。"(11:11)(列王记1,11:9—11)①

现代历史学家和研究《圣经》的学者认为异域文化影响的重要性远胜过所罗门的妻妾。例如,腓尼基建筑师设计和建造的著名神殿,呈现出叙利亚、美索不达米亚和腓尼基等多元风格;同时,异域思想还影响了希伯来人对天国和天国中各类天使等次的认识。现存证据表明,在所罗门统治时期,异域文化的影响推动了早期耶路撒冷向多元化、世界性城市的转变,极大地促进了宗教融合。

古代以色列的经历让我们注意到近代之前生活在不同文明状态下各民族彼此联系的历史现象,但是以往的历史学家并未对此进行深入研究。公元1492年之后,跨文化联系深刻影响了世界各民族的历史进程。许多历史学家、人类学家、社会学家对近代跨文化交流的动因作出了很多有益的分析,在此就不一一提及。他们的研究成果对于认识近代世界历史提供了很好的借鉴,主要集中于长途贸易、技术传播、帝国和殖民活动、大规模移民、动植物和疾

(接上页)从埃及买来的车,每辆价银六百舍客勒,马每匹一百五十舍客勒。赫人诸王和亚兰诸王所买的车马,也是按这价值经他们手买来的(10:29)。"详见中国基督教协会、中国基督教三自爱国运动委员会,《新旧约全书·旧约》,第422页。
① 同上书,第422—423页。——译注

病的长途传播以及跨文化传教活动等研究，并认为这些历史现象　5
是近代世界发生动荡变化的主要原因。

　　然而，针对近代之前的研究却并非如此。历史学家早已意识到
近代之前就存在大量跨文化交流现象，例如著名的穿越欧亚草原
的丝绸之路，许多地方的人改宗佛教、基督教和伊斯兰教，公元 13
世纪蒙古统治时期欧亚大陆出现的贸易和游历等。他们还对跨文
化联系的某一历史时期和一些重要事件做出了深入研究，本书对
此也有所借鉴。但是，令人遗憾的是他们很少对近代之前跨文化
联系的方式和影响进行全面分析。[①]

　　即使在远古时期，世界上各个民族的游历、移民或者征服，就
引起了跨文化交流，有时甚至造成重大影响。由于跨文化的参与
群体通常对他们之间的关系和交流结果有着不同甚至互相矛盾的
期望，所以这种交流就导致大量的冲突。权且不论这些激烈的冲
突，跨文化交流作为近代之前世界发生变革的有效动因，促进了技
术、思想、信仰、价值观念、宗教和文明的传播，影响了所有参与群
体的文化特性，有时候甚至极大地削弱了他们的文化传统，同时也
为人们重新认识或评价这些群体的文化传统提供了可能。总而言
之，公元 1500 年之前，跨文化交流在世界文化范式的形成中发挥
着至为重要的作用。

一、跨文化交流的方式

　　本书主要考察近代之前不同文明和文化地区之间各民族的交
流，尤其关注文化边界的形成和变迁，并探究文化边界形成的动因

---

① 其中两位学者的研究很好地说明了这种分析的价值。威廉·H. 麦克尼尔
（William H. McNeill）考察了近代之前和近代之后的技术、疾病的跨文化传播，详
见 William H. McNeill, *The Rise of the West*, Chicago, 1963; *Plagues and
Peoples*, Garden City, 1976。菲力浦·D. 科廷（Philip D. Curtin）概述了近代之前
和之后的跨文化贸易模式，详见 Philip D. Curtin, *Cross-Culture in World History*,
New York, 1984。作者从麦克尼尔和科廷的研究中颇受启发。

6 等。例如,异域文化元素在何种(政治、社会、经济或文化的)条件下能够跨越文化边界? 作为本土和异域文化中介者的个人发挥着何种作用? 是什么驱使着人们接受,并推动异域文化的传播? 人们是如何发现那些易于理解的术语和概念,并以此来解释和传达异域思想、信仰和价值观念? 近代之前,各个民族如何回应异域文化对他们文化传统的挑战? 在什么条件下,文化会发生改宗、冲突和融合? 或换句话说,文化障碍消除之后,如何引起了新的文化结构和文化边界的形成?

这些问题看似简单,却不易论证。困难之一就是关于概念的问题,历史学家和其他学者并没有明确提出适合跨文化交流研究的相关术语和范畴,但在涉及"跨文化"、"跨文明"等分析时却需要这些术语和概念。① 因此,有必要对在研究中使用的重要术语和分析范畴进行解释,这包括各种形式的"跨文化改宗"、本土和异域文化传统的融合以及抵制异域文化的挑战等。

如果近代之前,跨文化交流就频繁出现(后面将详细论述),那么信仰和价值观念在何种情况下才能跨越文化边界,得到其他文明地区民族的认可,从异域文化传统中吸引改宗者呢? "跨文化改宗"是一个比较晦涩的概念。"改宗"会让人联想起强烈的个人情
7 感、灵魂的重新洗礼以及价值观念被颠覆等,好像被释迦牟尼、圣保罗、圣奥古斯丁或穆罕默德进行彻底的宗教洗礼一样。② 早期跨文化交流经常会引起类似的改宗吗? 或者,除了佛教、基督教和伊斯兰教以外,其他宗教是否也引起了此类精神层面的改宗?

现存关于近代之前的资料,并不能完全展现人们的精神状态,至少不能充分深入到文化传统或宗教改宗者的精神层面,因而不可能将"改宗"作为一个深刻的精神或心理过程予以分析。即便存

---

① 关于人类学家对跨文化交流和影响看法,详见 Melville J. Herskovits, *Acculturation*, Gloucester, 1958。

② Arthur Darby Nock, *Conversion: The Old and the New in Religion from Alexander the Great to Augustine of Hippo*, Oxford, 1933, pp. 1 - 16; T. W. Arnold, *The Preaching of Islam*, 2nd ed. London, 1913。

在相关的资料,对改宗经历的分析也不能使现代学者满意。例如,安塞尔莫·托麦达(Anselmo Turmeda)本是马略卡岛的一名圣方济各会修士,于公元 1386 年改宗伊斯兰教。他在自传中说改宗伊斯兰教是因为《新约》在谈到追随耶稣的"安慰者"(基督教称之为"圣灵")鼓舞他的教徒之时,预言了穆罕默德的崛起。大部分学者认为托麦达对自己改宗的记载过于简单,还发现他参与了反对国家和教会权威的政治活动,并且出生于一个受到宗教裁判所猜疑的犹太家庭。但是,这些事件并不能完全让我们质疑托麦达改宗的忠诚度,因为他在自传中猛烈抨击基督教,维护伊斯兰教,流露出虔诚的改宗决心。尽管如此,我们还是没有充分的证据从精神或心理过程对他的改宗进行全面而确凿的分析。[①]

近代之前,人们经常会彻底接受异域文化传统,并经历深刻的精神或心理转变,但更为普遍的则是出于政治、社会或经济目的而为之。后者对个人心理并无深刻影响,但产生的文化效应却与前者相当,甚至有所超越。当新文化传统进入新的社会、教育和宗教环境时,会影响当地人的信仰和价值观念,久而久之就会导致整个社会发生巨大转变。[②] 因此,我用"社会改宗"一词指称近代之前人们接受或适应异域文化传统的过程。本书所指的"改宗"极少针对个人精神或心理的转变经历,主要指整个社会的改宗过程。

与所有大规模的社会进程一样,社会改宗极为复杂,并需要经过长时间才能发挥效应。当然,社会改宗最终取决于人们接受新文化传统的意志,但也不仅于此,也可以先通过建立制度以鼓励人们适应新的文化传统,这些制度可以经过几代人的不断努力而发挥作用。下文提到的社会改宗过程通常需要三到五个世纪才会大

8

---

① 关于托麦达生平情况,以及托麦达自传的阿拉伯文本和西班牙译本,详见 Miguel de Epalza, *La Tuhfa, Autobiografía y polémica islámica de Abdallha al-Taryuman (fray Anselmo Turmeda)*, Rome, 1971。

② 关于单一文明内部长期的文化转变(尽管并未谈及跨文化交流),详见 Norbert Elias, *The History of Manners*, trans. E. Jephcott, New York, 1978; *Power and Civility*, trans. E. Jephcott, New York, 1982。

规模出现。尽管社会改宗的过程非常缓慢,但却影响了世界上大多数民族所传承的文化遗产,所以在近代之前的历史发展中发挥着至关重要的作用。可以说,社会改宗是近代之前世界文化史发展的一个最为重要的过程。

近代之前,大规模社会改宗的原因很多。在不同的政治、社会和经济影响下,改宗异域信仰、价值观念或文化标准也呈现出各种不同的方式。改宗经常在特定的政治、社会和经济环境下发生,改宗新文化或宗教传统的人不只在精神或文化上受益。因此,并不存在一种一成不变或单一的理论来解释跨文化改宗的过程,当然也不存在单一的改宗过程。总的来看,近代之前经常出现的大规模社会改宗通常表现为三种形式即自愿改宗、迫于政治、社会或经济压力而发生的改宗和通过同化而发生的改宗。

这三种改宗方式中,自愿改宗最不容易被理解。人们为什么要放弃长期坚持的宗教或文化传统,选择一个陌生的取而代之呢?在众多的文化选择中,人们为什么要抛弃自己继承的传统,接受一种差异很大的宗教或文化传统呢?总而言之,改宗一种新的宗教或文化传统经常意味着生活方式的彻底改变,遵守新的律法和仪式,穿着不同的服装,与家人、朋友建立新的关系,改变饮食习惯,甚至使用不同的语言等。近代之前,究竟是何种前景和契机让这些人自愿彻底改变自己的生活呢?

自愿改宗有助于推动与组织有序的外邦人建立政治、经济或商业联盟。近代之前,自愿改宗的主要发起者是经营长途贸易的商人,他们在贸易地区建立聚集区,沿袭固有的文化传统。① 久而久之,牧师、僧侣和卡迪(伊斯兰教的判官)等文化人士也来到这里。这些聚集区经常成为传播宗教或文化的据点。

那么,本地人为什么自愿接触异域商人的文化传统呢?异域商人经常在不同的文化区域经营贸易,而且当地统治者及其他人都意识到与其合作能够带来更多的政治和经济利益。基于实际的考

---

① 关于贸易流散群体,详见 Curtin, *Cross-Culture Trade in World History*。

量,他们接受异域习俗,让所有人都遵循共同的道德规范和价值观   10
念,自然促进了跨文化贸易的顺利进行。当统治者改宗异域文化
传统,并获得极大利益之后,他们自然会设法与异域势力建立政
治、军事和经济联盟。此外,异域知识和其他民族的认可通常颇具
威信,从而让统治者在当地获得新的合法性和异域的政治支持。[①]

伊斯兰教在撒哈拉沙漠以南非洲的传播最能说明自愿改宗的
现象。最初,穆斯林商人将伊斯兰教传播到西非诸王国、僧祇城邦
以及从摩加迪沙到索法拉的东非地区。他们与控制当地贸易的统
治者有着大量贸易往来。当地统治者通过贸易获得了很多财富,
极力去迎合异域商人,允许他们在重要城镇中建立聚集区,让卡迪
和其他宗教人士在此生活,并对其宗教情有独钟。伊斯兰教作为
被外部世界广泛遵守的信仰和价值观念,这些先前与世隔绝的统
治者通过改宗伊斯兰教,拥有了与外部世界相同的信仰和价值观
念,更深入地参与到广阔的政治和商业领域中,获得北非和中东伊
斯兰国家的认可,有力地维护了他们的统治。此外,改宗伊斯兰教
还能为与其他伊斯兰国家建立政治、军事和商业联盟,奠定文化基
础。所以,当地统治者就非常乐于接受伊斯兰教。

个人自愿改宗到底是何种程度的"改宗"? 此类改宗是真正
"改宗"异域文化传统,还仅仅是当地统治者管理臣民和外邦人的
一种方法? 总而言之,统治者通常不会完全抛弃当地传承下来并   11
依旧发挥作用的文化传统,更多是兼用异域和本土文化传统。而
统治者自愿改宗是真心为了促进文化交流,还仅是为了获得更多

---

① 最近,两位学者的研究就这些问题进行了深入分析,详见 Mary W. Helms,
*Ulysses'Sail: An Ethnographic Odyssey of Power, Knowledge, and Geographical
Distance*, Princeton, 1988; Robin Horton,"African conversion," in *Africa* 41, pp.
85-108; "On the Rationality of Conversion," in *Africa* 45,1975, pp. 219-235,
pp. 373-399。也可参见针对罗宾·霍顿(Robin Horton)著作的一些评论文章:
Humphrey J. Fisher, "Conversion Reconsidered: Some Historical Aspects of
Religious Conversion in Black Africa," in *Africa* 43,1973, pp. 27-40; J. D. Y.
Peel, "Conversion and Tradition in Two African Societies: Ijebu and Buganda," in
Past and Present 77,1977, pp. 108-141。

支持的一种手段呢?

由于缺乏关于统治者思想状态和动机方面的史料,所以很难明确回答这个问题。有时,自愿改宗导致了执著、热忱的信仰,例如公元14世纪西非马里国王曼沙·穆萨(Mansa Musa)到麦加朝圣,将伊斯兰宗教人士带回马里,在王国内建立清真寺,派遣学生前往摩洛哥的伊斯兰教学校学习。此外,无论个人改宗的忠诚度如何,统治者及其他长期参与到广阔的贸易世界中的人,就有可能导致整个社会改宗。尽管大规模社会改宗通常是迫于武力和高压政策,以及国家对新文化的支持,但自愿改宗对社会改宗的出现起了潜移默化的作用,有助于推动大规模的文化改宗。印度教和佛教在东南亚传播,佛教、摩尼教、聂斯托里派基督教(景教)在中亚及丝绸之路的传播,伊斯兰教在东南亚和撒哈拉以南非洲的传播,都出现了很多自愿改宗,我们将在后面多次提及这些现象。

近代之前,虽然人们在贸易商路地区自愿改宗异域文化,大规模移民和军事征服也导致很多人不愿意改宗。然而,这并不意味着征服者强迫人们接受异域信仰或价值观念。尽管佛教、基督教和伊斯兰教都不赞同通过威胁来使人们改宗,遑论从不说服人们改宗的儒家和道教了,但很多记载都显示人们必须在反叛与接受之间作出选择。

然而,即使不使用强制手段,征服者仍有很多方法推动社会大规模改宗。尽管会耗费大量时间,但征服者经常会运用各种方法加速整个社会改宗,包括征收不同的税收,加大新文化机构建设的资金投入,在招募军事和政府官员时优先考虑信仰新文化传统的人,打压旧的宗教活动或典礼,关闭或破坏寺庙、教堂和圣坛等。他们给那些保护和传播社会文化的组织施加巨大压力,比直接进行人身威胁更能导致大规模的社会改宗。但是,这些方法并不能完全确保改宗的完成,本书也提到了有时在面对残酷的改宗压力下,很多文化传统仍旧得以保存和适应。但总的来看,有时长达四到五个世纪的持续高压能够导致一个社会的宗教或文化体系彻底转变。

有时,当国家选择支持一种文化或宗教而打压另外一种之时,人们就会迫于政治、社会和经济压力而改宗,例如罗马帝国在君士坦丁改宗之后更加钟情于基督教,严格限制异教信仰,基督教徒的数量不断增多,异教徒越来越少。然而,历史上迫于压力的改宗通常是因为大规模的移民或征服运动,例如伊斯兰教传播到中东、波斯和北非时,就从生机勃勃、幅员辽阔的伊斯兰帝国获得了大量资助。众所周知,穆斯林最能容忍其他宗教信徒,允许他们保持自己的宗教信仰,但同时也对非穆斯林征收特别税,施加歧视性的限 13 制,要求他们穿特定的服装或居住在指定区域,在重要职位上优先考虑穆斯林应征者,主要资助伊斯兰教组织的建立。穆斯林统治者综合使用各种政策,逐渐使大多数非阿拉伯人改宗伊斯兰教,推动了中东、波斯和北非地区社会和文化的彻底转变。

与自愿改宗一样,个人迫于压力改宗到底是何种程度的"改宗"?如何辨别他们是真的接受新的文化传统,还是表面奉承?为了逃避迫害或得到政治、社会或经济的好处,很多人迫于压力而改宗,虚与委蛇,表面应付。然而,我认为从长期来看,当历经了几代,甚至几个世纪的表面迎奉之后,整个社会可能会潜移默化地发生改宗——即使是圣保罗或穆罕默德都无法做到这一点。当下一代人接受新的信仰,在新价值观指导下生活时,这些曾经被看作是异域的宗教或文化也不再显得陌生。因此,与自愿改宗一样,迫于政治、社会或经济压力的改宗有助于我们认识大规模的文化变化,本书对此也多有提及。

社会改宗的第三种类型,即通过同化的改宗也很重要。它是指少数族群适应多数族群的文化标准,最终接受他们的信仰和价值观念。少数族群有时积极改宗异域文化,以获得政治、社会或经济上的好处。当西哥特人和其他日耳曼人进入罗马帝国时,他们不仅积极参与到当地的政治、社会和经济生活,还接受了基督教,尽管基督教与他们文化传统格格不入,但却在罗马帝国中发挥着重要作用。 14

有时候,人们并没有明显地意识到同化改宗所产生的一切后果。由于长时间脱离本土文化传统,商人、移民甚至传教士都会受到异域文化传统的影响。久而久之,当他们学会了新的语言,在他乡娶妻生子,他们的后代在新的环境下生活,整个群体也就被主流社会所同化。类似的情况就出现在移民到中亚和中国的聂斯托里派基督教徒和摩尼教教徒身上,因为他们不能与西方同伴们保持密切交流,不能吸引很多人改宗他们的宗教,也无法在亚洲建立永久的聚集区,所以逐渐被吸收到佛教和道教之中,最终被完全同化。

与其他改宗方式一样,当以个人角度而非社会角度考察时,通过同化的改宗也呈现出不同状态。如果一个人正处于被同化的过程中,更多表现的是一种文化上的摇摆不定和疏离,而不是彻底改宗。由于人们摈弃或失去了与本土文化传统的联系,但又未深入接触新的文化传统,所以生活在既没有遵循本土传统又没有完全接受新传统的状态之中。即使人们有时候设法寻求被同化,他们原有的文化取向还是不可避免地被保留下来。但是,正如其他改宗方式一样,这个问题最终会随着社会改宗彻底被解决。即使改宗的人很少,甚至从未彻底改宗,但是他们的后代也会采取新的方式将其变为自己的文化传统。因此,即便是这种不彻底、不完善的改宗也同样为大规模的社会改宗奠定了基础。

自愿改宗、迫于压力的改宗和通过同化的改宗代表着近代之前文化传统传播的三种方式。这三种改宗方式反映了广阔的政治、15 社会和经济环境,并与跨文化交流各种参与力量都有关系。少数族群一般不能通过政治、社会或经济压力的来迫使其他民族改宗。但是,如果他们具有良好的组织,与较大的贸易和交流网络保持密切联系,并将这种强大的、颇具吸引力的文化传播到其他地方,那里的人们也非常乐意接触这种新的文化传统。除此之外,如果他们征服了其他地方,并移民于此,集中的人口分布和相对较强的实力能够让整个社会迫于压力而改宗。但是,如果少数族群不能定期地与文化权威人士经常保持密切交流,或完整地坚持自己的文化传统,就非常容易被同化、改宗。同时,无论他们身处何地,当被很多信奉其他文化传统的民族包围时,也非常容易被同化、改宗。

　　这三种改宗方式穿越了文化边界，将文化传统传播到了新的民族。但是，异域文化传统如何被其他民族（他们使用不同的语言、遵循不同的习俗、拥有不同的价值观念，并且认为异域文化与他们的政治、社会和经济生活毫不相干）所接受呢？如果要理解异域文化的巨大感染力，就必须考虑文化融合的现象。尽管与改宗不同，近代之前在促进社会大规模改宗另一种文化时，文化融合经常发挥着重要作用。文化融合将不同的文化传统要素凝聚在一起，让异域文化传统在远离本土的地方也易被理解、接受甚至充满吸引力。[①] 最终，甚至会潜移默化地导致新文化结构的产生。

　　因为，对异域观念进行解释时，经常与那些被人们熟知的思想进行比较甚至借鉴，所以跨文化信仰和价值观念的交流很容易引起大量文化融合。因此，当佛教进入中国时，大量借用了中国本土道教的语言和观念；当摩尼教教徒和聂斯托里派教基督教徒吸引中国人改宗时，也采用了很多佛教和道教术语。

　　除了基本交流之外，整个社会改宗异域文化传统还需要经历彻底融合的过程。异域文化传统逐渐渗透到当地的政治、社会和经济环境中，并逐渐发展。改宗者通常选择一些能够被接受的、熟知的或对自己有用的文化因素。在宣扬和解释异域文化传统时，他们经常对原意断章取义，以新的术语进行重述，赋予其不同的意思，甚至以己之见随意曲解等。这样，改宗者在无意间就将本土文化传统与异域文化传统结合起来了。此外，他们还以不同的方式将异域文化传统与他们的政治、社会和经济秩序融为一体。因此，大规模社会改宗经常表现出文化传统之间的融合，而非全盘接受异域信仰和价值观念，可以说社会改宗有赖于本土文化传统与异域文化传统之间互补与妥协。如果说这三种文化改宗方式让异域文化跨越了文化边界，文化融合则体现了一种新的文化边界范式，反映了在跨文化交流中不同文化传统之间的相对优势和互为补

16

---

① 对伊斯兰教融合的分析，详见 Clifford Geertz, *Islam Observed：Religious Development in Morocco and Indonesia*, Chicago, 1968。

充、吸引的状态。

罗马帝国早期的基督教和中国早期的佛教就说明了这一点。基督教徒对罗马帝国的异教崇拜构成了严重威胁,但也迎合了异教徒的文化因素和利益,例如基督教徒的入教仪式、圣餐礼和祷告的礼拜仪式等与异教徒极为类似;同时,基督教徒还容忍异教徒的宗教信仰,将基督教圣徒与异教英雄联系起来,并准时参加纪念异教神灵的传统宗教节日。当圣保罗在科林斯向他的信徒们宣称"我将竭尽所能帮助所有人,救济所有人"(哥林多前书 1,9:22)[①]时,委婉地乞求上帝赐福于这种融合活动。

中国佛教比早期基督教处境更加困难。早期基督教至少融入到了罗马帝国绝大多数文化之中;相比之下,起源于印度的佛教在政治、社会和道德价值观念方面与中国差异甚大。单就佛教僧侣的禁欲思想与中国人多子多孙、敬重祖先的观念就有直接冲突。佛教僧侣尽管对此难以理解,但还是通过接受中国传统美德"孝道"迎合中国人的观念,并劝告中国人说一个儿子出家为僧可以拯救其家族十代人。之后,正如早期基督教一样,佛教徒自愿接受一些异域价值观念,引起了文化传统之间的融合,并在远离发源地的地方吸引了众多改宗者。

这里提到的三种跨文化改宗方式和文化融合现象并非孤立存在,大多互为结合,同时出现。例如,当统治者为了控制权力而经常将文化喜好作为意识形态合法性的象征或来源时,此前的自愿改宗就为统治者通过政治、社会或经济压力设法完成改宗奠定了基础;整个社会的彻底改宗,则需要自愿改宗、迫于压力的改宗和文化融合相互作用;同时,在通过施压迫使改宗的过程中,最有效的手段就是对外邦人进行奴役。

当然,文化传统及其宣扬者在传播和宣教的过程中都面临挑战。几乎所有记载都显示异域文化在交流过程中都遭遇到本土文

---

① 中国基督教协会、中国基督教三自爱国运动委员会,《新旧约全书·新约》,第213页。——译注

化的强烈抵制，人们经常强烈抵制新来的文化传统，转而更加信奉受到威胁的本土文化传统。因此，近代之前，改宗新的文化传统并不是跨文化交流唯一可能的结果。在面对异域文化的挑战和机遇时，人们也经常进行抵制，而非改宗和融合。①

与文化改宗和融合一样，近代之前的文化抵制也有不同方式。有时候，人们固守自己的传统，坚决抵制以至忘却异域文化传统，更有甚者对异域文化的宣扬者进行猛烈攻击。有时候，当人们以殉道方式抵制异域文化的挑战，或国家机构、文化人士组织大规模残暴地镇压和迫害之时，就会爆发剧烈的冲突。

对异域文化传统的抵制容易引发抗争。例如，当查理曼大帝试图将基督教和法兰克帝国的统治拓展到日耳曼地区时，就与异教徒萨克森人进行了长达三十年的战争；早期伊斯兰征服者在埃及、北非和其他地方不断遇到对伊斯兰教的反抗和抵制。同时，文化抵制还引发了逃亡。例如，为了逃避伊斯兰帝国不断扩大的政治和经济影响，大批摩尼教徒和琐罗亚斯德教徒逃亡到美索不达米亚和波斯地区；摩尼教徒来到中亚和中国；琐罗亚斯德教徒来到印度，他们的后代即现在的帕西人。最后的抵制方式是自杀式殉道。最能说明这一点的，是本书提到的公元 9 世纪中期西班牙的科尔多瓦——在十几年间，至少有四十八名基督教徒蓄意公开地侮辱先知穆罕默德和伊斯兰教信仰，科尔多瓦穆斯林统治者对此大为恼怒，处死了很多滋事者。无论何种方式的抵制，都制造了障碍，树立了文化界限，限制了异域文化传统的传播。

文化融合的重要作用以及对异域文化普遍抵制，为历史学家和全球分析家认识"（文化）传播"带来了很多启发。世界上很多民族从来没有自我隔绝地生活在封闭的文明或文化中。在早期人类历史中，贸易、移民、帝国的建立、传教等都推动了跨文化交流。人们为了商业利益，跋山涉水，克服沙漠、高山、海洋等地理障碍和语言、

19

---

① 关于人类学者对本土文化传统面挑战时的分析，详见 Fredrik Barth, *Ethnic Groups and Boundaries*, Boston, 1969。

文化以及政治差异等困难。即使近代以前,不同文明和文化的民族在商品和技术交流时也没有遭遇太大的障碍,大量研究显示,疾病、技术、武器和物资能够迅速地跨越文化和地理边界进行传播。

但是,信仰和价值观念传播得非常缓慢,并且路途充满荆棘。文化传播的方式极为复杂,只有敏锐地把握其传播环境才能够理解。跨文化交流毕竟在特殊的政治、社会和经济环境下才能出现,并且这些因素对本土文化的形成具有很大影响。一般说来,只有在强大的政治、社会和经济环境的推动下才会出现对异域文化标准的普遍认可,导致文化融合现象的出现,而非大规模改宗异域文化传统。如果缺少强大的动因,顽固的文化保守主义会坚决抵制异域文化的渗透。

虽然,(文化)传播论者认为并不认为如此,而文化边界的破除并没有导致信仰和价值观念在新的环境下被全盘接受,导致"文化克隆",但不容否认还是引起了大量的文化转变。有时,本土文化传统在文化转变中被更加尊奉;有时,异域文化引起了人们的兴趣,并得到了一定认可,但也会激起了人们猜疑、强烈抵制,甚至暴力抵抗。但是,无论如何,在跨文化交流中,由于文化边界破除引发的各方响应和互动深刻影响了各自的文化特性。可以说不了解跨文化交流,就不可能理解文化史和世界各民族的发展。

二、近代之前跨文化交流的主要历史时期

跨文化交流的研究应该从何处开始呢?早在4万年前,智人就开始了长途贸易。大约到公元前15000年,人类就散布到了世界上几乎所有宜于居住的地方,这些史前时代的迁徙就引起了跨文化交流。许多学者经过对语系、血型以及历史遗迹的分析,精确地复原了史前时代一些民族的迁徙活动。① 然而,现存资料不能完全

---

① Irving Rouse, *Migrations in Prehistory: Inferring Population Movement from Cultural Remains*, New Haven, 1986.

说明史前时代跨文化交流的动力或进程。语系和历史遗迹反映了史前时代跨文化交流的最终状态,但无法阐释人类如何应对跨文化挑战。

从公元前 4000 年代后期起,运输技术的发展加快了跨文化联系和交流的步伐。公元前 3200 年左右,中亚游牧民族驯化了马匹。大约公元前 3000—前 2500 年,阿拉伯人驯化了骆驼。几乎同时,埃及人发明的帆船不仅行驶在尼罗河上,而且穿越红海朋特地区(大约相当于今也门或索马里,也有一些学者认为南至莫桑比克)销售祭祀用的香。随着时间的推移,运输和其他相关技术的改进有力地促进了长途贸易的发展。现存大量考古和文献资料显示,公元前 3000 年左右美索不达米亚和印度河流域的哈拉帕文明之间存在着定期的贸易联系。公元前 12 世纪,组织有序的毛驴商队沟通了美索不达米亚和小亚细亚地区。[1] 陆路、海路和交流网络的形成为密集的跨文化交流提供了可能。正是贸易商人不畏艰险地开辟这些商路,风餐露宿地经营贸易活动的努力,才使我们所考察的跨文化交流成为可能。

尽管没有足够的资料支撑对史前时期人类跨文化交流进行深入分析,但仍有学者提出一些针对远古时代文化和文明传播的看法。例如托尔·海尔达尔(Thor Heyerdahl)认为,腓尼基人及其他从地中海来的航行者穿越大西洋,将他们的文明传播到了美索不达米亚地区的民族中;后来的旅行者将欧亚大陆的文化元素传播到了安第斯山地区和太平洋诸岛。[2] 李约瑟(Joseph Needham)也认可欧亚大陆的文化传统影响了西半球文化的发展,但认为主要是

21

---

[1] 这里提到的诸多历史现象,详见 William H. McNeill, "The Eccentricity of Wheels, or Eurasian Transportation in Historical Perspective," in *Amercian Historical Review* 92, 1987, pp. 1111 - 1126; Richard Bulliet, *The Camel and the Wheel*, Cambridge, Mass. , 1975; Shereen Ratnagar, *Encounters: The Westerly Trade of the Harappa Civilization*, Delhi, 1981。

[2] 最近对此认识的分析,详见 Thor Heyerdahl, *Early Man and the Ocean*, London, 1978。

来自中国的影响,而不是地中海,并提到从公元前 1000 年起,中国渔民和商人就陆续穿越太平洋,将亚洲很多技术和文化带入美洲,包括冶金学、帆筏、造纸术①、宗教艺术、音乐和民俗等。②

极端(文化)传播论者认为这种旅行极有可能——尽管旅行不常进行,但古代的技术足以支持。可是,这种认识以及其他关于古代东西半球之间存在大规模文化传播的观点都没有赢得广泛认可。关于古代欧亚大陆和美洲文明在文化和技术上的相似性,大多数学者认为它们很有可能是独立发展,而非大规模跨洲际文化传播的结果。

没有足够充分和有力的史料来证明或否定(文化)传播论者的认识。尽管在古代存在一些越洋航行,但近代之前欧亚大陆和美洲的联系似乎无法导致任何重大的跨文化交流。另需说明的是,我认为在欧亚大陆内部三次重要的历史进程中,跨文化交流仍发挥着重要作用。现存关于这三次历史发展的史料虽无法准确阐释人类的经历和跨文化交流的社会动力,但在这里仍有重要意义,可以说这些跨文化交流不仅促进了人们强烈的文化认同感,还推动了文化结构的形成,影响了后来跨文化交流的进程。

这三次历史进程中,最早和最重要的是以城市为代表的复杂社会(我们称之为文明)的出现和发展。与城邦、宗教组织、贸易网络和其他组织一样,文明不断向外拓展,并与外界发生联系。为了稳定政局、确保食物和其他必需物资的充分供给以及更大的经济利益,早期文明不断扩大政治统治范围,并与其他民族建立联系。早期美索不达米亚、埃及、印度、中国和中美洲文明都经历了这一阶段。来自早期文明中心的统治者和商人将大量文化传播到了他们所能够到达的地区,逐步与邻近民族在政治、经济、文化和社会方面建立密切联系。

---

① 此处所指造纸术并非中国汉代造纸术,作者在此可能引用有误。——译注

② Joseph Needham, *Science and Civilisation in China*, 6 vols, to date, Cambridge, 1954, vol. 4, pp. 540 - 553.

　　有时候,文化传播远远超出了早期文明的政治边界,其中最具代表性的是古代腓尼基人。公元前 1100 年—前 800 年,定居在迦南地区(今黎巴嫩和叙利亚)的闪米特族腓尼基人擅长航海,控制了地中海贸易,甚至为了与锡产地——英格兰南部——进行贸易而到达大西洋,还有证据显示其中一名航海者环绕非洲进行航行。他们的信仰和价值观念大多受美索不达米亚人和埃及人的影响,但与美索不达米亚人和埃及人相比,他们将中东文化传播得更为深远,最显著的例子就是腓尼基字母(腓尼基字母也是在借鉴其他文化的基础上形成)的传播。希腊人采用并修改了腓尼基字母,后来罗马人也稍加改动。尽管历经多次修改,但西方所有字母都是从腓尼基字母演变而来。[1] 由于落后的书写技术无法连贯地记载文化演变的过程,让人们很难体会到腓尼基人留给西方文化和文明的巨大遗产。由此可见,即使是在远古时期,文明的传播和随之产生的跨文化交流对文化的长期发展也发挥着重要作用。

　　在第二次历史进程中,古代不同民族之间的交流历经了很长时间,推动和影响了后来跨文化交流的进程和结果。这一时期,主要表现为"蛮族"观念的出现。在希腊语中,"蛮族"一词主要体现在语言而非社会或文化层面,专指不会讲希腊语的人。大约在公元前 8 世纪当希腊人主导地中海贸易,进入文明社会之后,"蛮族"一词开始代表一种明显的劣等文化的含义。希腊城邦中不断增加的外邦奴隶(蛮族)推动了"蛮族"语义的转变。久而久之,"蛮族"多指劣等文化,这也促使了定居的文明民族对游牧民族或城市化程度较低的邻邦频繁挑衅,甚至暴力镇压。就早期西方文明而言,罗马在阿尔卑斯山以外的对外政策就是很好的例子。

　　然而,蛮族观念绝不是西方独有的。欧文·拉铁摩尔(Owen Lattimore)认为随着农业区域的不断扩大,早期中国农耕民族与游牧民族也逐渐分化。早在史前时代,农业耕作者就使用石制工具在黄河流域肥沃的土地上耕作,繁衍生息。随着农业区域的扩大,

---

[1] 关于腓尼基人,详见 Donald Harden, *The Phoenicians*, New York, 1962。

他们与半农耕民族和游牧民族接触,将其纳入定居的农耕形态,或将农业生产活动扩张至大草原地区。半农耕民族往往被中国农业社会吸收同化,游牧民族大多继续生活在大草原上。农业社会和游牧社会本质不同的经济和自然环境不可避免地导致了政治、社会和文化差异。中国人很快就将大草原上的游牧民族视为"蛮族",并对他们保持高度的警惕性。[①] 与西方情形一样,古代交流再次引起了文化差异,并将那些不进行农业生产、非定居的人视为"蛮族"。这种分野再次显示了文化的重要性,并影响了近千年定居民族与游牧民族的关系。

古代第三次跨文化交流的历史进程中,草原游牧民族的军事发展扮演了重要角色。早在公元前 900 年,草原上的人们就开始使用骑兵方阵,并开发出马拉战车战术。亚述人可能最早懂得骑兵方阵的威力,但生活在辽阔的草原牧草地上的游牧部落拥有天然的优势,他们非常重视骑射,尤其擅长骑兵作战,很快在军事上超越了其他民族。游牧民族严重威胁着欧亚大陆的定居文明,并经常对他们发动劫掠,派出骑兵部队进行突袭。

卡尔·雅斯贝斯(Karl Jaspers)认为游牧民族对定居社会的威胁有助于解释轴心时代的形成。轴心时代是指在公元前 800 年—前 200 年间,中国、印度、中东和希腊各地都出现了哲学思想家针对道德和思想的思考。这些哲学思想家包括孔子、老子、《奥义书》的作者、释迦牟尼、琐罗亚斯德、希伯来先知、苏格拉底和柏拉图等。他们的著作深刻地关注政治和社会的稳定以及道德和个人品质,并致力于规范和正确地引导人与人之间的关系。轴心时代涌现出来的儒家、道家、佛教、琐罗亚斯德教、犹太教和希腊理性思想等诸多文化传统,在欧亚大陆各地文明发展的进程中发挥了重要

25

---

① Owen Lattimore, *Inner Asian Frontiers of China*, 2ⁿᵈ ed, New York, 1951, pp. 255 - 334。关于其他语境对"蛮夷"的认识,详见 Romila Thapar, "The Image of the Barbarian in Early India," in *Comparative Studies in Society and History* 13, 1971, pp. 408 - 436; W. R. Jones, "The Image of the Barbarian in Medieval Europe," in *Comparative Studies in Society and History* 13, 1971, pp. 376 - 407。

作用。① 雅斯贝斯的观点尽管不易被确证,但是轴心思想,尤其在道德和政治方面,代表着在面对被游牧民族破坏的政治、社会和经济秩序时,农业社会的一种文化反应。游牧民族的活动在一定程度上推动了这种文化互动,轴心思想则是这种早期跨文化交流的结果。

跨文化交流推动了早期文明的传播、蛮族的出现以及轴心思想的形成,但是现在没有足够的史料对这一时期的跨文化交流进程进行深入分析。倘若有充分的史料对美索不达米亚与哈拉帕的贸易或印欧人和班图人移民的跨文化交流进行分析,那将非常有意义,但古代相关历史记载十分匮乏,无法支持这种分析。

以美洲为例,由于缺乏资料,无法考察哥伦布之前美洲土著人之间的跨文化交流。但是,可以确定的是,早在欧洲人到达美洲之前,美洲曾经发生了与欧亚大陆类似的跨文化交流。米格尔·莱昂—波蒂拉(Miguel León-Portilla)曾经考察了居住在墨西哥北部平原上游牧的奇奇梅克(Chichimecs)狩猎者和居住在城市的托尔特克人(Toltecs)之间的交流。从公元11世纪起,奇奇梅克人开始向南迁移到墨西哥中部,很多定居在了特斯科科(Texcoco,今墨西哥城附近)。他们逐渐接受了托尔特克人的饮食和着装方式,开始种植玉米,与当地人通婚。他们的后代在托尔特克接受教育,很多混血的酋长鼓励奇奇梅克人接受托尔特克文化。公元14世纪时,墨西哥中部的奇奇梅克人已经接受了托尔特克人的信仰、宗教、文化,甚至他们的纳瓦语。他们居住在城市,钟情于托尔特克人的音乐和诗歌,在特斯科科保持着托尔特克人的价值观念。因此,这些生活在墨西哥中部的奇奇梅克人通过被多数人的文化同化而完成了改宗。但是,在这个过程中,也存在强烈抵制。一些游牧的奇奇梅克人为了保持游牧文化,反对接受托尔特克的文化标准;还有一些奇奇梅克人没有移民,继续居住在北部平原,在西班牙人征服阿

26

---

① Karl Jaspers, *The Origin and Goal of History*, trans. M. Bnullock, New Haven, 1953, pp. 1 - 21.

兹特克之前,一直保持独立。[①] 无论是选择适应一种新的文化标准,还是抵制同化,坚守传统文化,跨文化交流进程深刻地影响了奇奇梅克人和托尔特克人的文化经历。

文化交流无疑还影响了哥伦布时代之前美洲其他民族的经历,但由于缺乏足够的史料,所以对跨文化交流这一历史现象的考察只能集中于欧亚大陆和非洲地区。为了深入理解跨文化交流的进程和动力,我们将集中考察四次密集、系统的跨文化交流。

实际上,持续、密集的跨文化交流开始于罗马和汉代。丝绸之路早期(约公元前 200 年—公元 400 年)通常被认为是第一次大规模的跨文化交流时期。大帝国的统一确保了欧亚大陆的和平,商业贸易网络能够安全地延伸到大陆两端地区。游牧民族作为定居地区产品的消费者和中间商,在丝绸之路的经济贸易中扮演着重要角色。只要丝绸之路保持畅通,欧亚大陆大部分地区的商品交换,以及文化和宗教传统的联系都十分便利。罗马帝国和汉朝灭亡之后,尽管仍有一些零星的商业往来和思想交流,但随着毁灭性更大的疾病的爆发,欧亚大陆社会和经济遭到彻底破坏,这一时期的跨文化交流也就此终结。

从公元 6 世纪开始,长途贸易的复兴加速了第二次密集的跨文化交流。唐朝、阿巴斯王朝和加洛林王朝等大帝国的建立维持了欧亚大陆大部分地区的和平,加上与定居地区联系的游牧民族维持相对和平的状态,再次为跨文化贸易复兴提供了条件。此外,公元 6 世纪时,印度洋航路的频繁通航更是推动了长途贸易的发展。商人再次将欧亚大陆连接起来,大量传教士和朝圣者也尾随他们而来,在这个所谓的"黑暗时代"(尽管非常不恰当),怀着救世思想的文学和宗教将它们的影响力扩展到了欧亚大陆大部分地区。

第二次跨文化交流尚未结束之时,在各种历史动力的推动下,大约在公元 1000 年—1350 年,跨文化交流进入一个新的历史时

---

① Miguel León-Portilla, *El proceso de acculturación de los chichimecas de Xólotl*, Estudios de cultura nahuat 7, 1968, pp. 59 - 86.

期。这一时期，陆上和海上长途贸易急剧增长，不同文明地区民族彼此的联系更加深入。此时，最为突出的是游牧民族，特别是突厥和蒙古的军事扩张，他们建立的辽阔、跨区域的大帝国推动了不同文化传统各民族之间定期、规律的交往。这一时期，密集和规律的跨文化交流也加速了其终结的进程，因为蒙古人称霸欧亚大陆不仅有效地推动了商品和文化传统的传播，还便利了疾病的扩散。公元 14 世纪，黑死病大肆传播，极大地破坏了欧亚大陆经济、社会、贸易和交流，跨文化交流暂时淡出了欧亚大陆的历史舞台。

直到公元 15 世纪，黑死病的影响才逐渐退却，欧亚大陆上的民族再次开始对外探险。随着技术水平进一步提高，他们试图重新建立商贸和交流网络，尤其是西欧人，他们自诩有能力应付与大多数民族交往。第四次跨文化交流从公元 1500 年—1900 年，是欧洲 ²⁸人在全球范围内大肆扩张势力和影响力的早期阶段。这一时期跨文化交流的动力与近代之前极为不同，需另行考察，而为了在近代之前跨文化交流的背景中准确地把握欧洲早期的扩张，本书将简要考察 15 世纪的跨文化交流。

由于政治、军事和经济的发展，这四个历史时期都历经了密集、持续、规律的跨文化交流。同时，也有大量涉及跨文化交流的史料，尽管现存史料的数量和质量并不能完全满足历史学家的需要，然而至少针对欧亚大陆和部分非洲民族的历史而言，这些史料已经非常充分，为考察跨文化交流提供了基本条件。本书对跨文化联系和交流的分析将从丝绸之路早期开始。

第二章　丝绸之路早期

其后岁余,骞所遣使通大夏之属者皆颇与其人俱来,于是西北国始通于汉矣。[①]

——《史记·大宛列传》

沙漠、高山和海洋很少能阻挡人们的旅行和交流。公元前3000年以前,美索不达米亚人就已经开始进行长途贸易,并在随后的一千年里将贸易网络逐渐扩大到了中东、埃及、波斯,甚至印度西北部地区。综合考虑人们的动机、愿望和运输技术等因素,地理上的不便并没有成为地区之间联系和交流的主要障碍。

早期,由于不稳定的政治环境、土匪和海盗的侵扰,道路之间的联系非常脆弱,而且经常突然中断。然而,公元前1000年下半叶,规模较大的国家和帝国在欧亚大陆出现,极大地降低了长途旅行和贸易的风险——秦朝统一中国(公元前221年—公元前207年),汉朝(公元前206年—公元220年)奠定了中国长期中央集权统治的基础;孔雀王朝(公元前320年—公元前183年)短暂统一了印度;继亚历山大大帝去世(公元前323年)和帝国瓦解之后,帕提亚(安息)人和罗马人在西方建立了稳固的政治秩序。

这些国家和帝国持续的跨文化交流方式通常有两种,即,第一,帝国的扩张活动使士兵、行政官员、外交人员等帝国的建造者和随之而来的商人与其他民族可以进行直接交往。即使在关系

———————

① 司马迁,《史记·大宛列传》,北京:中华书局,1985年,第3169页。——译注

紧张时期,边境地区也始终作为不同文化传统民族之间的交往场所。第二,这些国家和帝国确保了欧亚大陆大部分地区道路的安全,为密集的长途旅行、贸易和交流网路提供了安全的政治和经济环境。

同样,游牧民族政治和经济势力的扩张对古代跨文化贸易和交流也发挥了重要作用。定居的农耕民族与到处迁徙的游牧民族之间的联系促进了贸易急速增长。那些野心勃勃的游牧部落首领绝不会轻易放过这样的机会,由于掌握了与定居民族的贸易,他们获得巨大的经济和政治影响,甚至建立起庞大的国家。各个农业文明地区之间日益稳定的环境推动了贸易进一步发展,游牧民族也逐渐成为长途交流的中间人和传播者。如果没有游牧民族,即"蛮族"(定居农耕民族对游牧民族的认识)所发挥的政治和经济作用,古代文明就不可能维持大规模的长途贸易。

定居民族和游牧民族通过共同的政治和经济合作,开拓了复杂的贸易网络,即著名的丝绸之路。丝绸之路东起汉朝首都长安,向西穿越蒙古和西域(今新疆地区);到达充满危险的塔克拉玛干沙漠之后,沿着沙漠边沿的绿洲城市分成南北两路;此后,继续向西通过大宛到达河中地区(Transoxiana,即奥克苏斯河与药杀河之间的富庶地区,今称之为阿姆河和锡尔河),在此还有一条沿着开伯尔(Khyber)山口进入印度西北部的道路;再向西,穿过波斯到达里海、美索不达米亚、埃及、黎凡特、小亚细亚和罗马帝国。

除了陆路之外,印度洋海路在丝绸之路早期也得以开辟。尽管不如陆路畅通,也未被广泛使用,但在公元前1世纪时,印度洋海路已将东南亚港口与印度、波斯、阿拉伯、埃及和东非地区联系起来。从很早时期,各种商品就已通过丝绸之路进行运输,中国丝绸和漆器被运到西方,东南亚和印度出口珊瑚和珍珠,人们在西域经营着马匹、羊毛、亚麻布、香脂、玻璃和宝石等贸易。[①]

---

① 关于古代世界的贸易,详见 Philip D. Curtin, *Cross-Culture in World History*,
　New York, 1984, pp. 60 - 108;C. G. F. Simkin, *The Traditional* 　(转下页)

公元前200年至公元400年丝绸之路早期,贸易显著地推动了欧亚大陆各民族密集的跨文化交流。随着商人和使节对丝绸之路的开辟,宗教信仰、价值观念和文化传统迅速传播。然而,在密集的跨文化交流开始阶段,文化传统并没有在发源地以外赢得人们广泛拥护。丝绸之路早期见证了文化发展的三种趋势。即,第一,整个欧亚大陆所有定居的农耕文明,包括中国、印度、中东和地中海等地,都形成了信仰和价值观念体系,从而使各自的文明得以延续。这些文化传统并不全都是新形成的,某些甚至可以追溯到轴心时代。尽管如此,丝绸之路早期的跨文化交流第一次如此广泛地盛行,首次推动了文明一体化的进程。第二,各自文明区域的牢固确立,为周边民族提供了可供选择的文化传统。边境地区和大的世界性城市成为各民族互相融合和了解不同文化传统的最佳场所。这一时期,尽管很少出现社会大规模的改宗新文化传统,但文35 化交流却十分繁荣。第三,最为重要的是商人在他们的聚集区中沿袭自己的文化传统,有时会引起当地统治者的关注,甚至使他们自愿接受、改宗外来商人的文化传统。当然,整个社会不可能立即全面改宗,但是丝绸之路早期,地方统治者的自愿改宗为长时期的社会改宗奠定了基础。

一、儒家与匈奴

孔子中庸和仁爱的思想长期以来被中国士人所信奉。与很多政治和社会道德规范一样,儒家传统极为重视秩序、稳定和规则,强调文化和教育的重要性,并认为那些受过教育的人应该以天下为己任,为国家服务。汉代(公元前206年—公元220年)时期,中

(接上页)*Trade of Asia*, London, 1968, pp. 1-49; Manfred G. Raschke, "New Studies in Roman Commerce with the East," in Aufstiegund Niedergang der römischen Welt, ed. *The Periplus Maris Erythraei*, Princeton, 1989; Wang Gungwu, *The Nanhai Trade: A Study of the Early History of Chinese Trade in the South China Sea*, Kuala Lumpur, 1958.

国形成了一套以儒家学说为基础的教育体系，培养了很多官吏，显著地推动了汉代定居农耕社会文化的统一。

　　然而，在农耕社会周边地区，儒家思想遭到了强烈抵制。例如，汉代在巩固对南方的统治时，儒家官员和将领遭遇到了很多政治、社会、经济和文化上的障碍，其中包括部落和宗族的血亲联盟、混乱的婚姻和家庭关系、狩猎采集或混杂的农业经济、萨满教首领的权力以及各种迷信等，这些都阻碍了华夏文明向长江流域及其以南地区的传播。但从长远来看，通过推广定居农耕农业、宗法封建性的父权制家庭、教育当地显贵学习儒家思想和中国礼仪，甚至穿着中国服饰等，南方最终被稳固地纳入到了华夏文明之中。① 公　36元 8—9 世纪，随着大规模的移民以及数世纪以来汉人潜移默化的影响，这些政策有效地推动了中国南方的汉化。

　　但是，中国文化在其他地方却没有如此大的影响力。汉代官员在西方和北方遭遇的困难远比南方近邻大得多。至少从商朝（公元前 1766 年—公元前 1122 年）开始，中国与草原游牧民族的关系就日趋紧张。中国富庶、繁荣的农业生产以及精美的手工制品，如丝绸等，强烈地吸引着游牧民族。当他们不能以和平交换的方式获取这些物品时，就毫不犹豫地快马疾驰，进入中国劫掠。② 秦汉时期中央集权的发展和国力的增强，能够组织大规模的有效反击，此举虽然给游牧民族造成了威胁，但也带来了机遇，因为中国免遭骚扰之后能够生产出更多财富、农业产品和手工制品，进一步推动了与游牧民族的贸易。

　　汉朝边境上的游牧民族主要是来自蒙古草原上突厥语系的匈

---

① Hisayuki Miyakawa, "The Confucianization of South China," in Arthur F. Wright, ed. *The Confucian Persuasion*, Stanford, 1960, pp. 21 - 46.

② Owen Lattimore, *Inner Asian Frontiers of China*, 2nd ed;关于长时段分析汉人与游牧民族之间关系，详见 Thomas J. Barfield, *The Perilous frontier*: *Nomadic Empires and China*, Cambridge, Mass, 1989; Sechin Jagchid and Jay Symons, *Peace*, *War and Trade along the Great Wall*, Bloomington, 1989。

奴人。① 汉朝建立后不久,冒顿单于(公元前 209 年—前 174 年在位)统一了西起咸海、东至蒙古和南抵黄河流域的匈奴部落。汉朝早期动荡时期,匈奴几乎可以毫发无损地进入中国烧杀抢掠,边境地区常年不安。公元前 200 年,汉高祖刘邦差点在"白登山之围"中丧命。

汉朝使节和官吏设法调整与匈奴的关系。首先,通过王朝联姻,将汉朝公主嫁给匈奴首领;同时,为了表达诚意和停止边境战争,向匈奴交纳昂贵的贡品;还在边境进行互市贸易,满足匈奴对中国物产的需求,但这些政策都没有取得很好的效果。尽管汉朝进行联姻、纳贡和互市,但匈奴仍旧在边境地区劫掠,破坏边境地区的稳定。同时,中国对匈奴的政策与反应也带来了不稳定的因素。由于汉朝限制对蛮族销售铁、弩和其他武器,匈奴无法通过合法渠道得到这些必需品,就利用了汉朝敕令传递很慢的弊端,与那些顶风作案、愿意卖给他们这些物资的商人进行合作。公元前 121 年,汉武帝依法处死了 500 名与匈奴进行违禁物品贸易的商人。此外,中国军队有时候也会对大批聚集在边界市场进行互市贸易的匈奴人发动突袭。

长期紧张的关系最终导致了汉朝与匈奴的直接冲突。汉武帝(公元前 140 年—公元前 87 年)为了实现草原地区的和平,将匈奴降服为汉朝的附属国,对匈奴发起了猛烈进攻。中国军队攻克了匈奴一个又一个要塞,实现了从蒙古到西域大部分中亚走廊地区的和平。为了巩固统治,汉朝政府还在环境适宜的地区推广中国农业耕作,建立屯田。由于维持屯田的代价极高,汉朝群臣对这项经济政策也褒贬不一,后来大部分屯田变得荒芜。② 尽管如此,中

---

① 关于匈奴与汉王朝的关系,详见 Ying-shih Yü, *Trade and Expansion in Han China*, Berkeley, 1967; "Han Foreign Relations", in Denis Twitchett and Michael Loewe, ed. *The Cambridge History of China*, 15vols, Cambridge, 1987, vol. 1, pp. 377 - 462。

② 关于对此的争论,详见 Huan Kuan, *Discourses on Salt and Iron*, trans. E. M. Gale, Leiden, 1931(即〔西汉〕桓宽,《盐铁论》。——译注)。

国军队的征服还是让匈奴分崩离析。公元 1 世纪晚期，匈奴已经
溃散不堪，再也无力对中国发动大规模的军事活动。

　　汉朝力图削弱匈奴的举动，引起了影响深远的跨文化交流。商
人、使节、人质、囚犯、奴隶、跨文化联姻的夫妇及其子孙等，都成为
思想、价值观念和技术跨文化传播的中介者。他们的交流在一定
程度上促进了彼此的适应。例如，匈奴人让战俘和囚犯从事苦力
劳动，自己不从事农业生产，但仍学习、接受了一些汉人的农业技
术；他们也穿丝制衣服，用筷子吃饭，住汉人风格的房子；甚至有人
接受、认可中国文化传统，将自己的命运寄托在汉朝身上，形成一
种全新的文化特征，他们使用汉人姓名，还在汉朝政治和军事事务
中扮演重要角色。同时，匈奴等游牧民族的文化也在一些地区留
下深刻的印迹。早在汉朝建立之前，大约公元前 300 年，赵武灵王
就强行让他的军队学习游牧民族的骑马和射箭技术，很好地抵御
了游牧民族的袭击（在随后的两千年间，中国统治者对良种马的渴
求，深刻地影响了对草原民族的政策）。汉末，汉灵帝和很多达官
贵人甚至接受了游牧民族的服饰，推广游牧民族的乐曲和舞蹈。[①]

　　在汉人与匈奴交流的过程中，最让人感到意外的是那些身处要
职的汉人叛逃匈奴。有时，中国军队因为害怕战败之后的惩罚，而
全体叛投匈奴。常年驻守在边境的中国将领与匈奴有着密切的贸
易来往，对他们了如指掌，其中很多人利用政治、社会或经济上的
便利跨越文化边界，逃到匈奴。汉朝边境一段流行的谚语"此不北
走胡，即南走越耳"[②]就说明了这一现象。

　　有时候，叛逃者也大有作为，中行说的经历就说明了跨文化交
流的深刻影响。中行说是一名汉朝宦官。汉孝文皇帝遣宗室公主

38

① Ying-shih Yü, *Trade and Expansion in Han China*, pp. 188 - 219; H. G. Creel,
"The Role of the Horse in Chinese Histroy", in *American Historical Review 70*,
1965, pp. 647 - 672.

② Ying-shih Yü, "Han Foreign Relations," in Denis Twitchett and Michael Loewe,
ed. *The Cambridge History of China*, 15vols, pp. 385。（引文出自司马迁，《史
记·季布栾布列传》，第 2729 页。——译注）

到匈奴冒顿单于继承人稽粥的宫廷和亲时,中行说设法避免去护送,称"必我行也,为汉患者",但朝廷毅然决定让他前往匈奴。稽粥对中行说颇有好感,不久之后就赢得了他的忠心。中行说竭力辅佐他的新主人,建议稽粥——

> "匈奴人众不能当汉之一郡,然所以强者,以衣食异,无仰于汉也。今单于变俗好汉物,汉物不过什二,则匈奴尽归于汉矣。其得汉缯絮,以驰草荆中,衣裤皆裂弊,以示不如旃裘之完善也。得汉食物皆去之,以示不如湩酪之便美也。"于是说教单于左右疏记,以计课其人众畜物……①

中行说保护匈奴的习俗和价值观念,以免被汉人诟病,并极力宣扬匈奴人对家庭和部族的忠诚感,指责汉人薄情寡义,残害亲属,并警告汉使者——

> 今中国虽详,不取其父兄之妻,亲属益疏则相杀,至乃易姓,皆从此类。且礼义之弊,上下交怨望,而室屋之极,生力必屈。夫力耕桑以求衣食,筑城郭以自备,故其民急则不习战功,缓则罢于作业。嗟土室之人,顾无多辞,令喋喋。而占占,冠固何当?自是以后,汉使欲辩者,中行说辄曰:"汉使无多言,顾汉所输匈奴缯絮米蘖,令其量中,必善美而已矣,何以为言乎?且所给备善则已。不备,苦恶,则候秋孰,以骑驰蹂而稼穑耳。"②

很难准确地评价中行说的经历。一是因为司马迁在《史记》中

---

① 司马迁,《史记·匈奴列传》,第2898页。——译注
② 关于中行说的名字,沃森(Watson)在翻译《史记》(*Records of the Grand Historian of China*, trans. B. Watson, 2vols, New York, 1961)中出现了错误,详见 Ying-shih Yü, *Trade and Expansion in Han China*, 第11页第5个字。(引文详见司马迁,《史记·匈奴列传》,第2900—2901页。——译注)

记载中行说出使的个人动机问题。司马迁倾向于在汉朝与匈奴之间维持稳定的政策，反对汉朝平定遥远的草原地区。司马迁在《匈奴列传》的结尾处，以极其隐晦的语言表达了自己对于此事的看法——

> 太史公曰：孔氏著《春秋》，隐桓之间则章，至定哀之际则微，为其切当世之文而罔褒，忌讳之辞也。世俗之言匈奴者，患其徼一时之权，而务谄纳其说，以便偏指，不参彼己。将率席中国广大，气奋，人主因以决策，是以建功不深。尧虽贤，兴事业不成，得禹而九州宁。其欲兴圣统，唯在择任相哉。唯在择任相哉。[1]

司马迁当然没有为了批评汉朝对匈奴的政策而虚构中行说的事迹，但极有可能以这种方式对汉朝的政策提出质疑。他强调中国与匈奴的文化差异似乎就是在批评汉武帝向草原扩张和平定匈奴的做法。

第二，抛开司马迁的动机不谈，司马迁的记载同样使中行说的经历难以解释。没有证据显示中行说接受了匈奴文化。实际上，他主要是作为定居的农耕文化和游牧文化的中介者，并没有放弃自己的文化传统，而选择另外一种。作为中介者，中行说给匈奴提供了很多良策，介绍了汉朝的行政和外交策略，但问题是这些策略代表的是华夏文明的扩张，还只是匈奴对抗汉朝的工具呢？汉人的信仰和价值观念又是如何被匈奴人认识呢？如果司马迁的记载确凿无误，那么中行说不仅没有宣扬华夏文明，反而主动去捍卫匈奴文化，让其能够抵制汉人的威胁。最终，又是何种动力促使中行说在政治方面转而拥护匈奴？他是因为得到了经济利益，还是拥有了权力，能够施展抱负？或者仅是为悦己之人而容，选择了能够让他施展抱负、欣赏他才能的匈奴人，背叛了将其派遣到草原的

[1] 司马迁，《史记·匈奴列传》，第2919页。——译注

汉朝？

显然，司马迁的记载不能完全说明中行说的问题。文化中介者穿越文化边界传播文化传统，为他族所用。虽然，一些汉人和匈奴人都设法跨越文化边界，但并未引起大规模的文化改宗。中国与匈奴之间的交流远不同于与中国南方土著居民的交流。大规模移民和帝国支持，使江南地区不断地被同化，最终导致了整个社会改宗。江南地区的生态环境也支持中国农耕生产，而草原地区无法进行精耕细作，也没有充裕的人口。此外，广袤的草原更让中国人无法通过政治、军事或经济压力迫使游牧民族改宗新的文化传统。可以说，地理环境增强了中国与匈奴之间政治、社会、经济和文化差异，阻碍了文化大规模传播，这让游牧民族成功地阻止了中国文化传统扎根于草原。

41

尽管没有导致大规模的社会改宗，中国与匈奴的交流仍旧开辟了中亚通道和贸易路线，深刻地影响了欧亚大陆各种跨文化交流。在这个过程中，中国与匈奴都发挥了重要作用——匈奴通过与汉朝贸易和纳贡，得到了丝绸等精美物品，再将其贩卖到中亚各地，满足了各地对中国商品的需求；最终，中国丝绸等物品再被贩卖到需求量更大的印度、中东和罗马帝国。因此，匈奴等游牧民族作为中国商品在中亚重要的中间商，推动了贸易交换网络的形成。[1]

中国打击匈奴和平定草原的举措也推动了道路的开通和长途贸易的发展，其中张骞对此做出了巨大贡献。作为汉朝使节，张骞为了联合月氏人共同打击匈奴，前后两次出使西域，到达大夏和大宛[2]（见图1：张骞出使西域路线）。公元前139年，张骞第一次出使西域，被匈奴囚禁达十多年，在那里娶妻生子，并且为朝廷搜集了很多有用的军事和政治信息。公元前128年，张骞发现了在大

---

[1] Manfred G. Raschke, "New Studies in Roman Commerce with the East," in Aufstiegund Niedergang der römischen Welt, ed. *The Periplus Maris Erythraei*, Princeton, pp. 606 - 622.

[2] 详见司马迁，《史记·大宛列传》，第3157—3179页。——译注

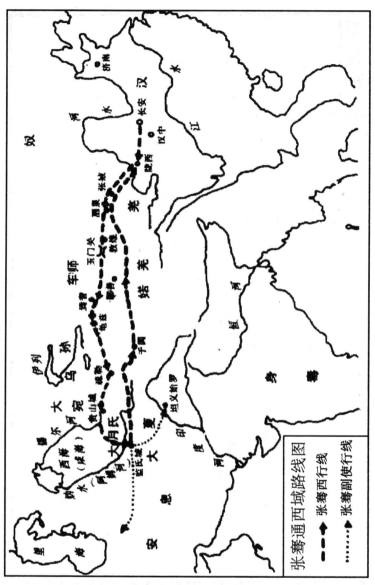

图1 张骞出使路线①

---

① 地图来源：齐涛，《丝绸之路探源》，济南：齐鲁书社，1992年，第42页。——译者

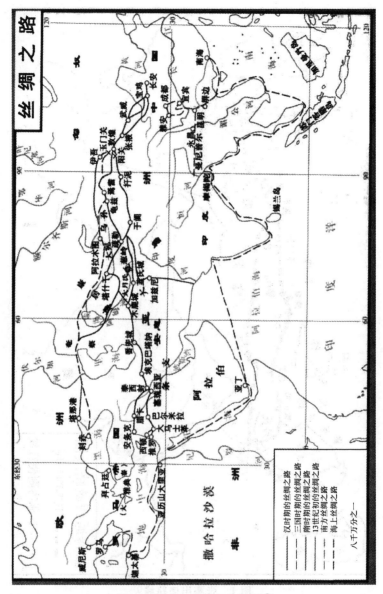

图2　丝绸之路与古代世界[①]

_____

① 地图来源:张芝联,《世界历史地图集》,北京:中国地图出版社,2002年,第32页。——译注

夏销售的中国竹子和丝织品,并得知它们出自中国西南地区,通过
孟加拉传入。张骞由此认为有一条经过印度的路线将中国和大夏
联系起来,来往于这条路线的使节和商人从未受到匈奴和中亚其
他不太友善民族的监视。张骞的另外一个贡献就是发现了优良的
马匹。汉武帝在公元前 102 年—前 98 年派遣三万士兵远征,以求
获得张骞在大宛所见到的"汗血宝马"。[①]

西方对中国丝绸等精美物品的需求,以及中国对西方马匹的巨
大兴趣极大地推动了欧亚大陆的贸易发展。正如司马迁的记载,
张骞出使西域开辟了丝绸之路贸易,为中亚民族带来了经济机遇,
他们与中国生产者建立了商业联系,将中国物品贩运至西方。尤
其公元 200 年之后,这些贸易路线不仅作为商业交流之路,而且也
成为大规模的文化交流之路。

二、早期印度文化传统的传播

使节和商人为了政治和商业目的沟通了欧亚大陆的交通,传教
士、朝圣者和其他文化传播者则用这条道路实现了他们的目的。
公元 1 世纪,最早不超过公元前 1 世纪,佛教徒进入中国内地。一
位现代学者甚至认为此类文化移民,显示丝绸之路的文化影响远
大于商业影响,希腊文化、中国人的求知欲、佛教和基督教都极大
地推动了丝绸之路上的文化传播。[②]

丝绸之路早期,印度文化传统充分利用这条新开辟的运输和交
流通道。正如中国一样,这一时期的印度社会也形成了颇具影响

---

① 血汗的产生可能源自寄生物引起的损伤。关于费尔干纳的马匹,详见 H. G.
Creel, "The Role of the Horse in Chinese Histroy," in *American Historical Review*
70,1965。(译者按:《史记·大宛列传》记载:"骞身所至者大宛、大月氏、康居,而
传闻其旁大国五六,具为天子言之。曰:大宛在匈奴西南,在汉正西,去汉可万
里。其俗土著,耕田,田稻麦。有蒲陶酒。多善马,马汗血,其先天马子也。"详见
司马迁,《史记·大宛列传》,第 3160 页)

② S. A. M. Adshead, *China in World History*, London, 1988, p. 24。

力的文化传统,并较早的就向邻近地区传播。较之中国而言,早期印度文化传统在外地更受欢迎。虽然,印度文化没有引起大规模的社会改宗,但两个地区(中亚和东南亚)的统治者自愿改宗印度文化传统,产生了深远的文化影响,导致了大规模的社会改宗。这里将首先考察佛教在印度的兴起,及其对印度北部和西部周边地区的影响,继而分析早期佛教在中亚和中国的传播,以及佛教、印度教在东南亚的传播,并主要考察中亚和东南亚地区统治者与异域商人交往,自愿改宗印度宗教传统的过程。

　　早期佛教历史的发展隐晦不清,但大致可循。其中三点尤为重要,即,第一,佛教产生于古代印度社会经济大变革时期。公元前6—前5世纪,在印度自给自足和物物交换的经济形态中,商业和货币作用日益凸显。商人阶层发现佛教的道德和价值观念比传统神秘的婆罗门教更具吸引力,因为婆罗门教只迎合婆罗门种姓的利益,忽视新兴的社会阶层。佛教徒和商人作为天然同盟者,很快形成了互利共生的关系。商人慷慨地资助建造佛教寺院;同时,很多佛教群体散布在联系着重要的政治和经济中心的贸易路线上,为商人和其他旅行者提供了食宿便利。① 所以,印度商人将商业活动拓展到哪里,佛教信仰就随之传播到哪里。

　　早期佛教的第二个特点也推动了佛教的传播。早期佛教徒经常生活在寺院之中,并乐于进行传教活动。佛教僧侣提供很多社会和宗教服务,但并不直接参与农业和手工业生产。他们的生活依赖于信徒的馈赠和捐助,因此寺院的日常维持就需要大批俗家信徒保持对佛教的尊奉和拥护。为了更好地满足人们对佛教的热爱和宗教需求,寺院就必须吸纳更多的俗家信徒。因此,佛教从诞生之日起就成为一种善于布道的宗教。

　　最后,佛教得益于灵活的教义。释迦牟尼去世后(约公元前486年),佛教就迎合了各种需求、利益和环境。佛教基本教义非

---

① James Heitzman, *The Origin and Spread of Buddhist Monastic Institutions in South Asia, 500 B.C.‑300A.D.*, Philadelphia, 1980.

常简单，佛经也是历经数百年之后才最终得到公认。同时，释迦牟尼的门徒总是强调那些比较具有吸引力的教义，这让佛教自诞生之日就面临着被分裂、篡改、曲解的可能。实际上，早期佛教就已分为两派：一派在释迦牟尼死后仍坚持释迦牟尼思想，另一派大约形成于一个世纪之后，并未完全信守正统佛教的信仰和习俗。早期教义的变化严重威胁了尚未牢固确立的佛教。长期来看，佛教相对简单的教义使其能灵活地适应各种文化传统的挑战，正是这种适应性推动了佛教从发源地北印度向其他地区传播。

公元前 3 世纪，佛教在北印度牢固确立，成为婆罗门教之外一种被广泛接受的宗教信仰，并通过商路传入南印度地区，与印度北部有贸易往来的商人大多拥护，并自愿改宗佛教。之后，在公元前 3 世纪中叶，阿育王（公元前 269 年—前 232 年在位）积极推崇佛教，在道义、财力和律法方面给予佛教大力支持，这让佛教成为印度地区最主要的宗教，并开始向外传播。

最迟在公元前 263 年，阿育王改宗佛教。[①] 阿育王声称，在刚改宗后的几年中，自己并没有虔诚地信仰佛教。大约在公元前 260 年，阿育王对羯陵伽发动了一场残酷、毁灭性的战争，羯陵伽人的死亡和悲惨命运深深触动了他，让他开始重新认真地关注佛教的道德和伦理关怀。在之后的统治时期，他大力推行佛法，提倡德行、善举和仁慈。

虽然他的一些政策与佛教并无关系，但是阿育王休战、维修道路和对来往于印度旅行者给予帮助等做法，正如虔诚的佛教徒一样，意味着一种关怀。但另外一些佛教戒律，比如严禁杀生和献祭动物等，都鲜明地体现了佛教思想。实际上，阿育王在很多方面都明确地代表佛教利益。他亲自到佛教圣地去参拜，修建很多佛塔

45

----

① 关于阿育王的研究，详见 Romila Thapar, *Asoka and the Decline of the Mauryas*, Oxford, 1961; B. G. Gokhale, *Asoka Maurya*, New York, 1966。这两本著作都提到了阿育王的岩石和岩石敕文。

和寺院,保护佛教教义的完整性,将佛教分裂分子驱逐出寺院,并派出友好使者和僧侣到印度周边地区弘扬佛法。公元前 250 年,阿育王还亲自主持在首都华氏城召开的佛法大会,并向印度中部和南部地区、缅甸、锡兰、喜马拉雅山,甚至大夏的希腊城邦派出了使团。

阿育王的佛法政策在很大程度上代表了他自己的价值观念,当然这种价值观念深受佛教影响。刻在岩石和石柱上的敕文表明阿育王的政策有着深刻的道德关怀。例如,在著名的第 13 条勒石敕文中,阿育王提到了对羯陵伽的战争,导致 100000 人死亡,150000 人被放逐——

> 在征服羯陵伽的过程中,当看到一个独立王国惨遭洗劫、横尸遍野、人们流离失所之时,敬爱的神(指阿育王)充满自责和悲伤,心情十分沉重。更让其神伤的是……那里遭受战乱、杀戮和流离失所的人们。即使有人侥幸逃脱……但也承受着丧友、丧亲的痛苦。所有这些人的遭遇,都成为敬爱的神心里挥之不去的阴影。[1]

阿育王痛下决心,在这则勒石敕文中宣布他的佛法政策,从此之后要宣扬德行、善举和仁慈,禁用武力。

除了阿育王诚挚的个人信念之外,良好的政治诉求和愿望也推动了阿育王宣扬佛教。公元前 269 年,阿育王登基时,其祖父旃陀罗笈多建立的孔雀王朝已将近四十余年。阿育王统治时期,孔雀王朝仍然拥有多样文化和语言,他将佛教教义视为政治统一的文化基础。佛教道德标准取代了不同地区或族群的价值观念,成为一种通用的道德规范。此外,佛教在商人群体中占据重要地位,尊奉佛教不仅满足了商人的需求,也推动了商人在孔雀帝国的贸易联系。虽然,阿育王根本无法意识到 20 世纪针对佛教的研究如此

[1] Romila Thapar, *Asoka and the Decline of the Mauryas*, pp. 255 - 256.

风靡,但不可能不认识到佛教在维护王国政治统一中所发挥的作用。

公元前后,伴随着密集的跨文化交流,佛教和印度文化的影响力经常波及到阿育王王国以外的地区。在北方和西方,亚历山大对大夏的征服,将希腊人、波斯人、印度人和其他民族密切地联系在一起之后,人们对印度文化产生了极大兴趣。希腊人立刻对印度文化和文明着迷。一位早期的希腊使节麦加斯梯尼(Megasthenes)撰写了一本名为《印度志》(Indika),描述了印度地理、社会、风俗和文化。尽管此书现已遗失,但很多古希腊著作引用或摘录了此书中的一些内容。①

尽管波斯人对印度文化没有什么强烈的兴趣,但印度文化仍旧传播到波斯地区。最晚至公元 1 世纪,佛教群体已经出现在波斯帝国东部。佛教通过异域商人聚居区传入,佛教群体很早就出现在梅尔夫等商业城市中,其中帕提亚商人在早期佛教向中亚和中国传播中发挥了重要作用。佛教在波斯没有吸引多少人改宗,也没有成为主要的宗教信仰。佛教进入波斯之前,琐罗亚斯德教和其他本土的文化传统一直是该地区主要的文化选择。之后,萨珊王朝废黜了其他宗教信仰,独尊琐罗亚斯德教,后来伊斯兰教的确立最终排除了佛教在波斯引起社会改宗的可能性。②

关于印度对西方的影响,一些学者认为佛教有可能影响了早期基督教的发展。他们尤为关注佛教和基督教经文和传说记载中的相似之处,其中包括释迦牟尼和耶稣的出生、生活、教义和死亡等。19 世纪的学者总是强调这些相似之处,并由此断定佛教的传说和价值观念对基督教产生了深远影响。然而,最近学者更加强调佛教和基督教之间的差异。当然,他们也不能否认佛教在某些传说

47

---

① 关于古代希腊与印度的研究,详见 Jean W. Sedlar, *Indian and the Greek World*, Totowa, 1980。

② G. Koshelenko, *The Beginning of Buddhism in Margiana*, Acta antiqua 14, 1966, pp. 175 - 183; R. E. Emmerick, *Buddhism among Iranian Peoples*, *Cambridge History of Iran*, 6vols, Cambridge, 1983, vol. 3, no. 2, pp. 949 - 964.

和习俗方面对早期基督教有影响。同时,基督教也影响了几个世纪之后大乘佛教的发展。可以说,佛教和基督教教义的形成都受外来文化因素的影响,[①]例如在下节提到的摩尼教中,我们就会清晰地看到,佛教信仰和价值观念深刻影响了大夏西部地区宗教教义的形成。

在印度东部和南部地区,情况完全不同。佛教沿着丝绸之路传播,出现在中亚和中国异域商人的聚居区中。同时,佛教和印度教都穿越印度洋,引起了东南亚统治者的兴趣。他们都乐于与印度商人交往,并改宗印度宗教。这些情况都需要详细考察和分析。

佛教在丝绸之路的商业交往中受益颇多。佛教一旦进入贸易商路,就迅速向远方传播。商人在沙漠中的绿洲城市梅尔夫、布哈拉、撒马尔罕、喀什、和阗、吐鲁番、敦煌等地形成流散的贸易群体,通过中亚将丝绸之路联系起来,有效地推动了佛教的传播。沙漠绿洲地区的经济尤其依赖于商业贸易的发展,所以当地的统治者都十分照顾侨居在此的商人的需要和利益。这些地区往往成为重要的知识和文化中心,有市场、客栈、牲口圈养地以及商品仓库等;很多侨居于此的人在这里建立寺院,大量佛教僧侣和抄经者也随之而来。大约在公元前 1 世纪,甚至公元前 2 世纪,沙漠绿洲地区的居民就改宗了佛教。[②] 可以说,佛教在印度以外地区的第一次扩张,就是在这些组织有序的外邦人的推动下,促成了当地人改宗。

佛教商人常年奔波于丝绸之路,将沙漠绿洲与多元化、世界性的城市联系起来,为沙漠绿洲地区带来了大量财富。正因为如此,那些居住在绿洲地区的人们也逐渐开始心仪佛教商人的信仰和价值观念。

48

[①] Richard Garbe, *India and Christendom*, trans. L. G. Robinson, LaSalle, Ill. 1959; Jean W. Sedlar, *Indian and the Greek World*, Totowa, 1980, pp. 107 - 189.

[②] Jan Nattier, *Buddhism in Central Asia: The State of the Field*, 1988 年 11 月美国宗教会议之前提交的会议论文,尚未发表。

　　佛教徒一旦在绿洲地区建立聚集区，就会凭借自己稳固的文化传统，将佛教传播到中亚草原的游牧民族地区以及有着悠久定居文明的中国。但是，佛教传播过程较为缓慢，大多只是渐进式传播。佛教作为一种异域宗教信仰，在刚进入中国的几个世纪里，经常被中国人轻视，但却对与中国关系紧张的游牧民族有着强烈的吸引力。换而言之，佛教对不喜欢中国，但却渴望甚至依赖与中国进行贸易的游牧民族，有种特别的吸引力。然而，尽管满腔热情，但很多游牧民族发现难以接受和适应佛教，因为他们并没有适合于佛教道德和宗教教义的文学传统，且长年奔波无法定居在寺院中。结果，很多游牧民族或者选择坚持他们本土的萨满教，或转而改宗摩尼教、聂斯托里派基督教等；还有一些是在很久之后才改宗佛教，例如直到公元 16 世纪佛教才成为蒙古人的主要宗教信仰。但是，当游牧民族参与到商业活动，或成为被征服的定居地区的统治者时，他们经常自愿改宗佛教。丝绸之路早期，游牧民族这些不同的反应方式在中亚和中国北方地区非常常见。

　　高僧佛图澄的事迹有助于说明游牧民族自愿改宗佛教。[①] 佛图澄来自丝绸之路绿洲城市库车（位于今新疆地区），很小就出家为僧，遍游中亚，曾经到达过克什米尔地区；公元 4 世纪早期前往中国北方布道传教。为了提高汉语水平，他曾专门前往敦煌学习，并于公元 310 年来到洛阳。他在洛阳引起了羯族（羯族入塞之前，隶属于匈奴）首领石勒的注意，石勒曾在公元 4 世纪期间统一了中国北方大部分地区。佛图澄早就意识到只要给石勒讲授佛法，就能够接近他，而且石勒颇具才干，有助于他传教——

　　　佛图澄者……善通佛咒，能使役鬼物，以麻油雜胭脂涂掌，

49

---

① 关于佛图澄的研究，详见 F. Wright, "Fo-t'u-teng: A Biography," in *Harvard Journal of Asiatic Studies* 11, 1948, pp. 321 - 371.（译者按：关于佛图澄的事迹，详见〔梁〕释慧皎，汤用彤校注，汤一玄整理，《高僧传》卷九《晋邺中竺佛图澄》，北京：中华书局，1992 年，第 345—360 页）

千里外事,皆彻见掌中,如对面焉,亦能令洁齐者见。又听铃音以言事,无不效验……即取应器盛水,烧香呪之。须叟生青莲花,光色曜目。勒由此信服……时有痼疾世莫能治者,澄为医疗,应时疗损,阴施默益者,不可胜记。[①]

佛图澄以其神通之术为石勒出谋画策,助其称帝。他的神奇才能让其声威大震,名噪一时,后卒于公元 345 年,一生门徒将近一万,建立寺院 893 座。

自愿改宗推动了佛教在北方的确立。羯族定居在中国北方之后,深入渗透到政治和经济生活领域之中。力图宣扬佛法的佛图澄与羯族首领接触之后,充分发挥了自己的才能。他得到石勒认可后,在中国北方宣扬佛法,建立寺院。可以说,佛图澄的经历不仅表明游牧民族自愿改宗佛教,还展现了早期佛教在中国传播的经历。

比起在游牧民族中的传播,佛教在中国的传播面临更大的困难,历经了艰辛的过程。佛教在中国用了将近五百年时间才成为被普遍接受的宗教信仰。[②] 与在波斯一样,异域信仰不可能立刻从中国本土信仰儒家和道教中吸引很多人改宗。佛教早期在中国的传播,就遭遇到儒家和道教的坚决抵制。中国传统士人指责寺院生活荒废了生产,违背了社会的自然秩序,扰乱了家庭生活,是经济发展的障碍,削弱了国家力量,并且认为佛教不如中国传统文化。佛教在进入中国前几百年间,只有商人、使节、逃亡者、人质和传教士等外邦人信奉,例如公元 2 世纪在洛阳的佛教寺院中有两

---

① 〔梁〕释慧皎,汤用彤校注,汤一玄整理,《高僧传》卷九《晋邺中竺佛图澄》,第 345—346 页。——译注

② 关于中国早期佛教,详见 E. Zürcher, *The Buddhism Conquest of China*, 2vols, Leiden, 1959‑1972;Liu Xinru, *Ancient India and Ancient China:Trade and Religious Exchanges*, A. D. 1‑600, Delhi, 1988;Kenneth K. S. Ch'en, *Buddhism in China:A Historical Survey*, Princeton, 1959;Tsukamoto Zenryu, *A History of Early Chinese Buddhism*, trans. L. Hurvitz, 2vols, Tokyo, 1985。

个安息人、两个粟特人、三个印度人和三个斯基泰人，却没有一个汉人。可以说，佛教在中国的早期传播主要集中在外邦人的贸易聚居区。

作为一种在中国没有引起反响的异域文化传统，佛教在波斯经历了同样的命运，仅作为外邦人的信仰存在于异域商人聚居区，甚至在数百年之后都无法赢得当地人的兴趣。佛教在东亚广受欢迎始于统治者自愿改宗之后，这让佛教在中国确立了稳固的地位。在佛教最早出现的中国北方地区，统治者自愿改宗佛教都有着强烈的政治目的，而且改宗者大部分都是游牧民族，例如佛图澄奉职的羯族和北魏（公元386年——公元534年）的拓跋氏等。在历经了最初紧张和不适的关系之后，佛教徒和统治者都意识到结盟更有利于双方的利益。佛教寺院为王室的统治提供思想和经济支 51 持，承认羯族和拓跋氏统治的合法性，推动长途贸易的发展，刺激当地经济，并且专门负责进口统治者所喜好的外来奢侈品。同时，每个王朝也给予佛教徒大量赏赐，资助他们的宗教活动，保护寺院利益。

如中亚沙漠绿洲地区一样，中国北方统治者与那些广泛参与到政治和商业领域的异域文化传统人士建立了密切联系。由于进入中国的佛教徒数量太少，无法通过施加压力或同化的方式来引起大规模的社会改宗。只有赢得统治者的支持和保护，早期佛教徒才能确保在中国生存。所以说自愿改宗让佛教在中国社会赢得了一席之地。正如历史上所发生的那样，当传教士能够与当地中国人建立有效的沟通，逐步产生融合的过程，他们的信仰才会在中国引起大规模的社会改宗，但这些现象主要发生在丝绸之路早期之后，将在下章另行分析。

当佛教在中国刚立足时，佛教和印度教早已引起了东南亚统治者的关注，并有很多人改宗。正如在中国一样，商人依旧充当着印度文化传统的传播者。

在公元前数百年间，印度人就航行到达东南亚沿海城市之中。即使在远古时代，远洋长途航行就对商人就充满着诱惑，例如一则古老的吉吉拉特故事提到去爪哇的人多是有去无回,但如果有幸返航,那么带回来的财富可供子孙七代人享用。此时,东南亚的水手也航行到印度。贸易和交流网络的形成,不仅刺激了经济发展,也推动了东南亚的政治和文化交流。[1]

52　印度的政治和文化传统从印度与东南亚早期贸易中也受益颇深。来自次大陆的商人建立聚居区,并邀请印度教和佛教权威人士来到东南亚。东南亚地方首领通过控制他们统治区域的商业贸易,很快进入了印度洋世界。正如马来谚语所说,一个重要贸易区域的统治者不再是"椰壳底下的青蛙",而是变成了文化和商业的中介者。[2] 贸易和外部联盟让当地统治者在东南亚建立了有史以来最大的国家。其中有史记载第一个大国但并不是最早的东南亚国家扶南,在公元 1 世纪建立于湄公河沿岸。通过奥克·艾奥(OcEo)港口,扶南与中国、马来亚、印度尼西亚、印度、波斯建立贸易往来,并间接与地中海保持联系。公元 2 世纪末,类似的贸易国家出现在马来半岛和占婆(越南南部)地区。

印度对这些国家产生了深远影响,以致千年甚至更久之后的东南亚国家都被称为"东南亚的印度化国家"。印度文化传统以不同的方式发挥着影响。例如,统治者以君权神授的名义统治一个地区时,经常采用印度天赐王权的观念;将自己与对湿婆、毗湿奴或

---

[1] 关于东南亚早期历史存在很多争议,较好的研究详见 George Coedès, *The Indianized States of Southeast Asia*, trans. S. B. Cowing, Honolulu, 1968; D. G. E. Hall, *A History of South-East Asia*, 4th ed, New York, 1981。这里提到的文化交流, O. W. Wolters, *History, Culture, and Religion in Southeast Asian Perspectives*, Singapore, 1982; Kernial Singh Sandhu, *Early Malaysia*, Singapore, 1973; Kernial Singh Sandhu and Paul Wheatley, *The Historical Context in Melaka: The Transformation of a Malay Capital*, c. 1400 – 1980, ed. Sandhu and Wheatley, 2vols, Kuala Lumpur, 1983, vol. 1, pp. 3 - 60。关于古吉拉特的历史,详见 Kernial Singh Sandhu, *Early Malaysia*, p. 8。

[2] Kernial Singh Sandhu, *Early Malaysia*, pp. 21 - 49; Kernial Singh Sandhu and Paul Wheatley ed. *The Historical Context in Melaka: The Transformation of a Malay Capital*, c. 1400 -1980.

释迦牟尼的崇拜联系起来,以权力的外来性和神圣性为他们的统治正名;并且建造城墙、庙宇,在宫廷的礼仪中使用印度音乐和礼节,引进了很多印度教徒和佛教徒作为咨议者,进一步巩固天赐神权的合法统治,为自己取梵文名字,将梵文作为律法和政府官方语言。由于印度的巨大影响,以前很多历史学家认为大量印度航海者征服了东南亚地区,但是现在看来这种观点毫无根据。现在,对东南亚印度化进程的解释,更多的是强调东南亚统治者为了达到统治目的,设法利用印度教和佛教,与印度宗教建立密切联系。他们遇到了很多愿意效劳、才华横溢的印度人士,大量产生于东南亚的优秀梵文文学作品,就说明了很多精通印度文化传统并受到良好教育的印度人士对东南亚的影响,而东南亚统治者对印度异域文化的浓厚兴趣也极大地推动了印度化进程。

53

　　但是,本土文化绝不可能衰落或消失。印度文化传统在传入东南亚初期,主要影响了宫廷的统治者,并没有广泛传播。久而久之,印度文化和本土文化传统逐渐融合,引起了大规模的社会改宗,后面两章将对此进行分析。无论如何,当地统治者自愿改宗印度教和佛教的行为极大地影响了东南亚文化的发展。

三、中东和地中海的传教活动

　　如同欧亚大陆东部一样,西部帝国的扩张也引起了不同文明和文化传统各民族之间的融合。公元前 4 世纪末期,亚历山大大帝推翻了波斯阿契美尼德王朝,向印度西北部扩张,在东部的大夏地区建立了希腊化城市。亚历山大早逝之后,后继的塞琉古王朝统治了从安纳托利亚到大夏的广阔地区,囊括了亚历山大帝国大部分地区,沟通了希腊人、腓尼基人、巴比伦人、波斯人和印度人之间的交往。亚历山大打破了国家和民族的界限,后继的塞琉古王朝成为一个统治着广袤地区、囊括多种语言的世界性帝国。

　　这些鲜明的政治活动极大地影响了文化发展。尤其在大夏和北印度地区的犍陀罗王国,来自不同文明的民族在此交往、融合,西方文化传统给这里的印度文明打下了深深的烙印,其中显著的代表就是生动地反映了地中海绘画和雕塑风格影响的犍陀罗佛教艺术。早期佛教艺术家认为不宜具体地描绘出释迦牟尼的形象,而以一棵菩提树(因为释迦牟尼在菩提树下得道)、一行脚印(意为释迦牟尼的旅程)、一个空的王座(表明释迦牟尼为了得道,而放弃王位)或法轮(由释迦牟尼所开启)等器物来代表释迦牟尼。随着希腊人在大夏和犍陀罗建立贸易聚集区,充满地中海风情的物品以及西方艺术家、工匠都随之而来。公元 1 世纪,犍陀罗派艺术就受到西方影响。犍陀罗派艺术家不仅描绘出释迦牟尼具体的形象,还让其穿着地中海式的服装,呈现出西方艺术中的常见姿势;数个世纪之后,释迦牟尼才逐渐脱离了地中海风格,呈现出更多的印度特征。不容否认的是,西方艺术风格的确深刻地影响了印度人对释迦牟尼形象的认识。[①]

　　同时,希腊文化的演变也反映了亚历山大之后的政治局势。希腊文化在充满多元化、世界性的环境中不断发展、适应。在大众文化层面,这种发展通常表现为显著的宗教融合。[②] 在广阔的希腊化世界中,商人、士兵、官员、奴隶及其他旅行者的流动,将他们的信念、价值观念和信仰传播开来。当各地不同的神灵具有相同或相似的功能时,就容易引发宗教融合,例如宙斯和阿蒙神;有时,人们甚至设法寻找一个唯一的、普世的神灵在天堂掌管各民族事务,就像由亚历山大大帝及其后继者塞琉古王国统治尘世间的人们那样。代表统治阶层文化传统的道德哲学家更加关注那些普世性的道德和伦理标准,而非宗教神灵的融合,其中最具代表性的是斯多葛派道德思想。斯多葛派主要的政治理想是建立一个有序的、世界性的、普世性的国家,并认为国家之间没有强弱、从属之分,人类因此而平等;除此之外,斯多葛派更强调美德、良心、责任和正直诚

---

① Jean W. Sedlar, *Indian and the Greek World*, pp. 66 - 67.

② 关于"狂热的崇拜和宗教融合"的史料,详见 Frederick C. Grant, ed. *Hellenistic Religions: The Age of Syncretism*, Indianapolis, 1953。

恩等。

　　希腊化帝国并没有维持多长时间。早在公元前250年,帕提亚
(安息)从塞琉古帝国中独立出来;不久之后,罗马人开始在地中海
地区扩张。但是,希腊文化沿着公元3世纪的轨道继续发展。安
息和罗马帝国都面临着亚历山大和塞琉古时期一样的文化挑战。
这两个大帝国,尤其是罗马帝国,为不同文明和文化传统民族之间
的交流提供了便利。为了满足这些生活在多元化、世界性社会中
的人们的需要,两个帝国都掀起了狂热的传教活动。摩尼教和基
督教都许诺个人救赎,并以一系列严格的教义规范人们的行为,揭
示人们生活的意义,要求他们遵守高尚的伦理和道德标准。

　　安息帝国的建立使波斯古老的琐罗亚斯德教重新获得了支
持。[①] 阿契美尼德王朝时期,琐罗亚斯德教就被定为国教。琐罗亚
斯德教的二元性正好符合了他们的政治利益和统治合法性的需
要。例如,一则著名的碑文记载大流士一世将他的成功归功于琐
罗亚斯德教智慧之神阿胡拉·玛兹达(Ahura Mazda),将反抗者比
作邪恶之神安哥拉·曼纽(Angra Mainyu)。同时,琐罗亚斯德教
教义许诺个人救赎,让那些能够以戒律规范自己言行的人可以获
得永生。

　　琐罗亚斯德教主要作为波斯地区的宗教信仰,并不太热衷于传
教。尽管没有引起多少人改宗,但琐罗亚斯德的教义和价值观念
仍旧产生了深远影响。被放逐到巴比伦的犹太人接受了很多琐罗
亚斯德教义,其中包括救世主的降临将帮助人类打败恶魔、个人灵
魂不朽、转世重生以及接受天堂或地狱的审判、创世者对邪恶势力
的惩处、最终建立起符合上帝旨意的国度以及让正义得以永存等。
很多犹太教义都出自成书于公元前2世纪中叶的《但以理书》,对
犹太教法利赛人的思想产生了重要影响。法利赛人最早可能意指

---

① 关于琐罗亚斯德教,详见 R. C. Zaehner, *The Dawn and Twilight of Zoroastrianism*,
London, 1961; Mary Boyce, *Zoroastrianism: Their Religious Beliefs and Practices*,
London, 1979。

一支深受波斯影响的犹太人,即犹太人中的"波斯人"。同样,早期基督教徒也受到琐罗亚斯德教义的影响。还有学者认为琐罗亚斯德教甚至传播到了印度,个人救赎的观念可能影响了早期大乘佛教思想。

在波斯本土,琐罗亚斯德教义和价值观念深刻地影响了古代世界广泛传播的摩尼教道德和教义的形成。摩尼教特点之一就是受到多种文化的影响。先知摩尼(公元216年—272年)出生于巴比伦王国一个琐罗亚斯德教家庭,但受美索不达米亚地区盛行的基督教禁欲主义传统影响颇深;同时,他在游历印度西北部地区时,逐渐熟悉了印度教和佛教思想。摩尼视琐罗亚斯德为波斯人的先知,释迦牟尼为印度人的先知,耶稣为西方人的先知,而将自己视为他们的继承人、整个世界的先知。摩尼并没有将各种宗教因素融合混为一种新宗教,而是设法创立一种与众不同的宗教,并将其传播到全世界。正如摩尼所说——

> 有些诞生于西方的教会并没有传播到东方;同样,也有东方的教会,没有传播到西方……但是,我希望我的教会存在于东西方各地,用所有语言传播,被所有城市信奉。而以往的所有教会只存在于一些特定的国家和城市中,所以这也是我的教会优势所在。我的教会将会在所有城市传播,我的教义将会被传播到所有地区。①

摩尼教教义具有吸引力主要是因为,首先,摩尼教连贯的思辨结构对那些生活在多元化、世界性城市中有教养的人士有着强烈

---

① 关于摩尼的博学与贤明,详见 Samuel N. C. Lieu, *Manichaeism in the Later Roman Empire and Medieval China: A Historical Survey*, Manchester, 1985。这本名著作记述了摩尼本人的生平,到公元16世纪最后一个摩尼教群体在中国华南地区的消失,还纠正了很多长期对摩尼和摩尼教的错误认识,关于这一点详见第61页;Geo Widengren, *Mani and Manichaeism*, trans. C. Kessler, New York, 1965; Jean W. Sedlar, *Indian and the Greek World*, pp. 208-251。

的吸引力。摩尼批判性地辨析了宗教信仰，摩尼教的"二元论"有
力地解释了世上的善与恶。在改宗基督教之前，希波的奥古斯丁 57
（Augustine of Hippo，即圣奥古斯丁）对摩尼教十分着迷，曾经与摩
尼教徒生活了长达九年时间。第二，摩尼教对人们的心理具有着
强烈感召力，为每个人都营造了空间，让他们感受到生活的意义。
摩尼教为那些诚挚的信徒自我救赎带来了希望；同时，摩尼教徒固
有的热诚和友善有助于营造一种强烈的群体意识。除此之外，此
时，摩尼教严格的禁欲主义对那些极其排斥物质主义的人们颇具
吸引力。最后，由于摩尼教传教士对异域文化传统采取灵活的态
度，这使摩尼教在文化边界以外地区也具有强烈的感染力。他们
在异域群体确立信仰之时，虽然设法保持核心的宗教元素，例如宇
宙二元论、严格的禁欲主义和高尚的道德标准等，但是为了在不同
文化传统中宣扬自己的宗教教义，也乐意将当地的鬼神融入到摩
尼教义中，所以很多学者在摩尼教中发现了琐罗亚斯德教和佛教
的信仰色彩。

摩尼教的这些吸引力使其迅速发展为世界性宗教。摩尼将自
己比作在异教徒中传教的基督教圣徒圣保罗。他游历过很多地
方，交际甚广，并派遣很多信徒前往异域各地传教。在他有生之
年，传教士将摩尼教教义传播到了远至美索不达米亚的萨珊帝国
各地、印度北部和罗马帝国东部边境等地区。同时，由于摩尼教信
徒关注和鼓励商业发展，而非农业生产，这就使摩尼教主要在城市
中流传，并伴随商人活动向外传播。公元3世纪末期，摩尼教在地
中海地区已经完全确立，摩尼教在叙利亚、安纳托利亚、埃及、希
腊、意大利、高卢、西班牙和北非的贸易中心地区蓬勃发展。

摩尼教成功传播并发展成为世界性宗教，与其诞生之初就遭遇
暴力迫害有很大关系。摩尼本人被迫害死于监狱之中。萨珊帝国 58
的国王接受了琐罗亚斯德教教士的意见，认为摩尼的活动危害了
公共秩序和他们的统治。之后，伊斯兰教征服者彻底终结了中东
地区的摩尼教。从公元前2世纪开始，更让人震惊的是由于与波
斯的关系，摩尼教遭到罗马东部扩张份子的疯狂镇压。公元4世

纪早期,随着基督教合法化,天主教与罗马帝国联合,并在公元 5 至 6 世纪,对拜占庭和罗马帝国西部进行了残酷的宗教迫害,使摩尼教从地中海世界销声匿迹(后来,地中海地区诸如鲍格米勒派和清洁派等信奉二元论的各个教派与古老的摩尼教几乎没有任何关系)。

但是,摩尼教并没有就此彻底消失。我们将在下一章中考察摩尼教由于灵活的教义而得以在中亚和中国立足。通过吸收佛教和道教教义,摩尼教在回纥人甚至汉人中传播。在中国南部福建的贸易地区中,摩尼教群体一直存在到公元 16 世纪。

同时,像安息帝国和萨珊波斯一样,跨文化贸易也深刻地影响了古代罗马帝国各民族的经历。罗马与中国的经历非常相似,都是由帝国扩张和长途贸易两种力量推动了跨文化交流。广袤的罗马帝国为不同文化传统的民族之间的融合提供了条件,帝国边境地区的官员和士兵率先推动了这种融合。他们的活动有助于说明公元初期地中海地区壮观而令人震惊的宗教传播。同时,帝国的扩张也让罗马人经常与那些身处边境以外、认可不同价值观念和文化传统的民族保持频繁、持久的贸易交往。那些游牧民族和其他一些政治组织涣散的民族,对繁荣的罗马帝国具有强烈兴趣。

59 日耳曼"蛮族"通过与罗马人通商,建立了城市,增强了军事实力,有时甚至威胁到罗马帝国,让其纳贡。一些游牧民族定居在帝国边境,成为罗马帝国边境的守卫者或雇佣兵,不同程度上接受了罗马文化。除此之外,还产生了其他文化影响。正如中国一样,罗马帝国的扩张导致了文化边界的形成,那些生活在不同文化中的人们也获得了交流的机会。驻守在边境地区的罗马官员和士兵对边境另外一侧的状况十分熟悉,其中很多人为了获得更好的机会而叛逃。

继罗马帝国扩张之后的长途贸易推动了各种异域文化传统的接触,引起了罗马帝国对异域文化传统的关注。叙利亚帕尔米拉(Palmyra)连接着罗马与中亚和中国的陆路贸易,其中最著名的贸易物资当属丝绸,公元 1 世纪时奢华的罗马贵妇对丝绸需求量极大。同时,罗马人也通过海路与印度进行直接贸易。大约在公元前2世纪时,西方航海者逐渐掌握了印度洋季风的规律。公元1世纪,罗马对胡椒等香料的需求极大地推动了印度南部港口与地中海贸易的发展,位于印度南部阿里卡梅杜的罗马人贸易群体就经营胡椒和香料贸易。这些来自远方的物资在罗马帝国被重新分销,商人建立的贸易网络将整个地中海地区都联系起来。①

官员、士兵、商人和其他游历罗马帝国的人有效地推动了文化传播。密特拉教(Mithra)在罗马帝国快速传播就说明了这一点。密特拉教的起源可以追溯到印度雅利安人神话和琐罗亚斯德教,密特拉被尊奉为太阳和光明之神。有些学者曾一度认为罗马密特拉教深受地中海世界波斯文化传统影响,但现在大多认为该宗教很大程度上只是保留了"密特拉"这一具有明显波斯意味的特征。密特拉教的价值观念和神话故事大多来自希腊和罗马,而非波斯文化传统。即便如此,在官员、士兵和商人的努力下,密特拉教的快速传播表明古代长途交流对文化传播的巨大作用。公元1世纪,密特拉教圣坛、神殿和雕塑等就出现在地中海各地,尤其在军事和商业中心地区。希腊的俄耳甫斯(Orpheus)、埃及的伊希斯(Isis)和叙利亚的巴力(Baal)等神灵与密特拉一起传播到罗马帝国各地。②

摩尼教、密特拉教及其他神秘的宗教显示了各种文化传统在密

60

① Manfred G. Raschke, "New Studies in Roman Commerce with the East," in Aufstiegund Niedergang der römischen Welt, ed. *The Periplus Maris Erythraei*, Princeton, 1989, pp. 605 - 679; Lionel Casson ed. and trans. *The Periplus Maris Erythraei*, Princetion, 1989.

② 主张密特拉教主要受罗马帝国中波斯文化的影响,详见 Franz Cumont, *The Mysteries of Mithra*, trans. T. J. McCormack, New York, 1956。学者们大多同意人们对密特拉教狂热崇拜以及密特拉教的重要影响,但最近很多人质疑波斯文化引起了对罗马密特拉教的狂热崇拜,关于对此的争辩,详见 Michael P. Speidel, *Mithras-Orion: Greek Hero and Roman Army God*, Leiden, 1980; David Ulansey, *The Origins of the Mithraic Mysteries*, New York, 1989。关于对俄耳甫斯、伊希斯、巴力以及其他神灵的狂热崇拜,详见 Frederick C. Grant, ed. *Hellenistic Religions: The Age of Syncretism*, Indianapolis, 1953。

切联系的地中海世界快速传播的巨大潜力。但是,在罗马帝国所有宗教之中,基督教传播范围最广、影响最大,所以早期基督教的传播经历值得我们深入研究。

基督教与罗马帝国流行的其他宗教有很多相似之处。它寻求对世界和宇宙秩序进行解释,探讨历史的发展方向,赋予人们生活的意义;通过主张个人灵魂不朽、个人得救和进入永生、极乐天国,满足人们的需求和利益。基督教严格的伦理和道德要求迎合了日益复杂、彼此相互依赖的世界的需要,将不同种族和宗教的人们有机结合在一起。作为一种主要在城市传播的宗教,基督教随着贸易和交流路线快速传播到帝国各地,无论是在那些从未受过教育、没有教养的人中,还是在特权阶层中,都广受欢迎,甚至与其他宗教的洗礼和圣餐礼仪式都几乎一样。可以说,早期基督教在很多方面都反映了早期罗马帝国的文化形态。

在诞生之初的三个世纪中,基督教面临着严峻的政治阻碍。最早,基督教徒与反叛的犹太人联合起来,抵抗罗马在巴勒斯坦的统治。之后,基督教徒和其他一些异教徒拒绝效忠罗马皇帝,没有得到帝国官方的真正认可。因此,基督教不仅遭到社会的诋毁和嘲笑,还受到残酷的宗教迫害。同时,罗马帝国为了获得人们的效忠和认可,慷慨地资助很多异教信仰,皇帝和重要政治人物大力支持其他宗教的仪式、节日和活动等。

尽管如此,基督教仍然在狂热的传教士推动下继续发展,让很多人和族群相信基督教徒信奉的上帝拥有一种让人敬畏的独特力量。他们神奇的医术、驱魔之法和为信徒祈福的行为,备受人们赞誉,让人们相信他们信奉的神灵有着神奇之处。拉姆齐·麦克马伦(Ramsay MacMullen)认为,在君士坦丁改宗基督教之前,大约公元 312 年异教徒改宗基督教主要是因为痛苦、担心惩罚、渴望福祉,并相信基督教能够给他们带来奇迹。①

----

① Ramsay MacMullen, *Christianizing the Roman Empire*, A. D. 100 - 400, New Haven, 1984, pp. 17 - 42.

关于早期基督教传教士格列高利(Gregory)成功传教的史料也显示人们相信基督教能够带来奇迹的这一想法对早期基督教群体的形成发挥着重要作用。[①] 格列高利师从奥利金(Origen),写了很多优秀的神学著作。由于条件限制,格列高利在公元240年间才因其著作在罗马本都省(Pentus,即安纳托利亚北部中心地区)出名。格列高利记载了一个又一个传教奇迹。他的祷告消除了异教神灵的威力,又应邀在异教徒祭坛上召唤神灵,以此显示他的权威性。最后,异教祭坛的守护者改宗了基督教。有时,也有人故意扰乱格列高利的公开传教,但是他每一次都从攻击他的人群中祛除邪魔,让人们大为惊讶,人们纷纷改宗基督教。格列高利还能移动巨石,改变洪水的流向,让湖泊干枯。在传教后期,格列高利几乎让新恺撒利亚城(Neocaesarea)的所有居民都改宗了基督教,周围 62 的人也快速响应起来。正如中国北方的佛图澄一样,声名远播的格列高利引起了人们的关注,推动了基督教在异教徒中传播。

在基督教传教的努力下所发生的改宗,是否意味着自愿改宗?某种程度上,这种解释有一定合理性。这些改宗者自愿将基督教作为一种代表外部世界的文化选择,让他们拥有了其他人所不具备的力量。具备神奇能力的传教士让人们相信基督教能够带来好运和福祉,并能够以非凡的能力解释和引导这个世界。除此之外,早期基督教改宗者与后来那些自愿改宗者面临的环境有所不同。他们来自社会各个阶层,包括商人和统治者,还有那些与外部世界密切联系的各类人士;此外,在君士坦丁改宗基督教以及基督教合法化之前,他们在改宗时都面临着很多障碍,需要在政治、社会和经济风险与基督教所带来的利益之间做出慎重选择。

总的来说,我认为自愿改宗至少说明了早期基督教在地中海地

---

① 关于格列高利的传教事业,Ibid.,p. 34,pp. 59 - 61。关于图尔圣马丁的传教奇迹,详见 Aline Rousselle, "From Sanctuary to Miracleworker: Healing in Fourth-Century Gaul," in R. Forster and O. Ranum, ed. *Ritual*, *Religion*, *and the Sacred*, Baltimore, 1982, pp. 95 - 127。

区的传播状态。但是,如果从罗马社会整体出发,而不从个别改宗者来看,自愿改宗过程中出现的两种现象推动了人们改宗基督教,即,第一,公元 4 世纪之前,基督教不断融合其他宗教因素而传播;第二,君士坦丁改宗之后,基督教赢得了国家支持,在政治、社会和经济压力下很多人改宗了新的信仰,基督教逐步完善,成为一种制度健全的教会。这些现象都值得我们深入研究。

63 　　传统异教信仰的衰落为基督教以融合的方式扩大影响力提供了良机。[①]公元 3 世纪之后,罗马帝国陷入严重的经济危机,再也无法提供慷慨资助,让很多异教信仰遭遇了严重的经济困难。尽管仍有些富裕的人们提供资助,但并不如帝国资助那样稳固。

　　当异教信仰无法满足信徒的需求和利益时,基督教就成为一种颇具吸引力的选择。由于基督教在很多方面都与这些信徒先前的信仰相似,使其更易被接受。早期基督教在宗教仪式和对自然界的认识方面,都清晰地反映了罗马帝国晚期的文化状态。像异教一样,基督教圣礼充满神秘感,很多宗教仪式都与异教类似,例如圣咏、特定的服饰和法器以及入教的洗礼和圣餐礼等。基督教徒通过强调圣徒、殉教者与异教英雄所拥有的共同特点,彰显基督教的影响力和权威性。同时,基督教徒还接受了一些异教文化的思想和宗教节日,并将其视为与异教文化联系的纽带,例如圣奥古斯丁将新柏拉图主义作为基督教哲学基础,将异教战无不胜的太阳神的诞辰定为圣诞节,也就是耶稣的生日。早期,基督教徒兼容并包的融合精神,他们的服饰及很多方面都与异教类似,让基督教在地中海地区的民族中颇具吸引力。

　　君士坦丁的改宗开始了罗马官方对基督教的支持。从此以后,基督教文化融合的影响进一步增强,最终导致了整个罗马帝国的文化转变。君士坦丁在巩固自己皇位之后,开始大力资助基督教。公元 313 年,君士坦丁颁布了著名的《米兰敕令》,首次确认基督教

---

① Johannes Geffcken, *The Last Days of Greco-Roman Paganism*, trans. S. MacCormack, Amsterdam, 1978, pp. 1-113, pp. 281-304.

为罗马帝国的合法宗教,随后便改宗基督教。君士坦丁个人的榜样作用并无法导致整个罗马帝国甚至皇帝的禁卫军迅速改宗。但是,通过各种对基督教的资助,引起了很多改宗。君士坦丁和后来的继承者大量资助建立教堂,给予基督教徒经济支持,为基督教带来了大量财富,还让其拥有了重要的社会地位,赢得了前所未有的社会尊重。尤其当基督教徒会被优先考虑担任帝国高官之时,很多达官贵人和社会名流纷纷加入。基督教在获得合法性之后,开始更加公开、积极地传教。早期,基督教群体中不乏那些善辩、热情饱满的宣教者。君士坦丁颁布《米兰敕令》允许基督教徒公开传教之后,他们就无情地攻击异教,甚至以暴力方式强迫人们改宗,摧毁异教祭坛和雕塑。①

国家对基督教的政治和经济支持,引起了大规模的社会改宗,基督教很快成为罗马帝国官方允许的唯一合法宗教。公元 4 世纪末,帝国皇帝开始禁止异教活动。但是,这并没有削弱异教徒对自己宗教文化传统的坚持。很多异教传教士抵制宗教迫害。由于宗教传统之间的融合,他们很多价值观念和宗教仪式都保存在基督教之中。虽然异教并未曾完全衰落,但到公元 4 世纪末,基督教已成为主流的宗教文化传统和宗教组织,占据了主导地位。

四、帝国的瓦解

罗马帝国和汉帝国的稳定深刻地影响了世界历史的发展。两个广袤大帝国稳固持续的政治组织,让人们能够安全的进行贸易和生产活动。它们留下了宝贵的遗产,影响了各自几近两千年的

① Johannes Geffcken, *The Last Days of Greco-Roman Paganism*, trans. S. MacCormack, Amsterdam, 1978, pp. 223 - 280; Ramsay MacMullen, *Christianizing the Roman Empire*, A. D. 100 -400, pp. 52 - 67, pp. 102 - 119; Pierre Chuvin, *A Chronicle of the Last Pagans*, trans. B. A. Archer, Cambridge, Mass. , 1990。关于国家资助引起的基督教教义的变化,详见 Elaine Pagels, *Adam, Eve, and the Serpent*, New York, 1988。

65　政治发展。罗马帝国和汉帝国的影响远远超出了它们的国界,军事征服和外交活动将让它们的影响力波及遥远的地方,更重要的是它们维持了欧亚大陆的和平,保持了帝国稳定,创造了进行长途贸易和交流的环境。

　　同时,这些政治、军事和经济活动还产生了重要的文化影响。在中国、印度和地中海世界中,商人和旅行者营造了多元化、世界性的氛围。当不同种族和文化的人们彼此交流之时,他们渴望甚至必须遵守共同的伦理和道德标准。儒家政治秩序的形成维护了中国军事和农业主导的文化秩序;在印度和地中海世界,佛教和基督教所宣扬的伦理和道德价值观念,保证了多元化的社会族群能够和谐相处。丝绸之路早期,儒家、佛教和基督教文化在本土稳固确立,逐渐开始传播;之后,佛教和基督教跨越文化边界,在远离发源地、完全陌生的环境中逐渐确立起来。

　　但是,由于欧亚大陆极不稳定的政治和社会环境,跨文化交流并没有得以延续。长途贸易作为一种交流渠道,不仅使商品、宗教、文化传统得以传播,还传播了致命的疾病。公元 2 世纪至 3 世纪期间,地中海、中国以及欧亚大陆部分地区的人口由于疾病传播而急剧减少。麻疹、天花和黑死病,引起了大量之前没有接触这些病原体的人们的死亡。[1] 人口减少让经济和社会发展更为困难,导致长途贸易市场萎靡不振,变得不稳定和充满危险;长途贸易急剧
66　萎缩,虽没有完全终止,但与丝绸之路早期已不能同日而语。最终,位于欧亚大陆跨文化交流两端的罗马帝国和汉帝国,都在游牧民族的入侵下瓦解了。

　　因此,公元 5 世纪—6 世纪,长途贸易和文化交流的条件并不成熟。但是,贸易路线并没有彻底荒废,依旧沟通着信仰、价值观念以及商品在不同文明或文化地区传播。公元 7 世纪时,欧亚大陆秩序的恢复以及环境的稳定再次为跨文化交流提供了条件。

---

[1] William H. McNeill, *Plagues and Peoples*, Garden City, 1976, pp. 106-147.

第三章　传教士、朝圣者和 世界宗教的传播

（92）你们的这个民族，确实是一个统一的民族，故你们应当崇拜我。……（106）对于崇拜主的民众，此经中确有充足的裨益。（107）我派遣你只为怜悯全世界的人。（108）你说："我只奉到启示说：你们应当崇拜的，只是独一的主宰。你们归顺吗？"①

——《古兰经·众先知》

随着欧亚大陆贸易的萎缩、政治瓦解以及疾病传播，连接古代欧亚大陆各地区的贸易和交流网络变得十分脆弱。公元4世纪后期至6世纪后期，欧亚大陆大部分地区陷入混乱之中。罗马和汉帝国瓦解，蛮族入侵者在它们的废墟上建立了新的统治。匈奴的瓦解则让鲜卑拓跋部、柔然、白匈奴和阿尔瓦人等中亚游牧民族陷入长期混战。拜占庭和萨珊帝国虽得以幸存，但在游牧民族的侵扰下承受着巨大的军事压力，边境地区破败不堪，失去了很多领土。印度笈多王朝（公元320—335年）的统治虽然相对稳定，但游牧民族的侵扰极大地削弱了中央集权，各个王子争抢王位。欧亚大陆不稳定的环境让长途贸易、旅行以及交流充满风险。

但是，帝国又重新兴起，跨文化贸易也并没有完全消失。公元6世纪末期，欧亚大陆重新兴起了大帝国——隋唐两代（公元589—　68

---

① *Al-Qur'an: A Contemporary Translation*, trans. A. Ali, Princeton, 1988.（引文出自马坚译《古兰经》，北京：中国社会科学出版社，1981年，第250—251页。——译注）

907年)长时间地维持了中国的统一;突厥,尤其是回纥人,在中亚地区建立了强大的统治;伴随着伊斯兰教急速扩张,中东先后出现了倭马亚王朝(公元661—750年)和阿巴斯王朝(公元750—1258年);即便在欧亚大陆西部,加洛林帝国(公元751—987年)也短暂地维持了从萨克森到西班牙北部欧洲大部分地区的统一。

这些新兴帝国没有直接继承先前的政治结构,所以无法以传统的政治说辞来为它们的统治进行辩护。为了表现统治合法性,它们往往选择与自己支持的宗教或文化传统建立密切联系。在国家政权支持下,很多人迫于政治、社会和经济压力改宗,佛教、基督教和伊斯兰教也因此广泛传播,备受欢迎。然而,也有人并非出于世俗考虑,而是从精神和道德层面真心改宗新的文化传统。如果说宗教融合有助于让异域文化传统在新的环境下被理解和接受,那么帝国的支持则推动了整个社会大规模改宗新的文化传统。

正如古代一样,帝国扩张导致了不同文化传统民族之间的新交流。随着欧亚大陆政治秩序的重建,局势趋于稳定,商人便迅疾在远方经营贸易。中国商船蜂拥而至东南亚,公元1000年前后,还经常向西航行到印度地区。波斯和阿拉伯的航海者几乎到达了东非、印度、东南亚甚至中国南海等印度洋所有港口。可以说,陆路和海路将欧亚大陆所有地区联系起来。骆驼商队承担着大量长途贸易物资的运输——直到近代,北非、中东和中亚的运输都由沙漠商队控制,但也有一些商人独自穿越欧亚大陆经营贸易。公元9世纪中期,波斯和阿拉伯商人在远离家乡的广州建立了贸易聚集区。更令人惊讶的是拉赞尼亚(Rādhāniyyah)①犹太贸易商人所经营的贸易网络,这些犹太人有可能来自罗纳河谷地区。公元9世纪波斯地理学家和邮驿官伊本·胡尔达兹比赫(Ibn Kurdadhbeh)

---

① 拉赞尼亚(Rādhāniyyah),即"拉丁的"之意。当指操拉丁语的民族所生活的欧洲地中海地区,详见伊本·胡尔达兹比赫著,宋岘译注,《道里邦国志》,北京:中华书局,1991年,第164页。——译注

在《道里邦国志》中记载,犹太商人的贸易网络从地中海延伸到中国,在陆路和海陆经营贸易。他们操着波斯语、阿拉伯语以及西方的语言和斯拉夫语,与不同的群体做着丝绸、皮毛、刀剑、香脂、调味品、阉人和奴隶的生意。[①]

公元600—1000年,长途贸易的规模远超过了丝绸之路早期,跨文化交流也急速加快,欧亚大陆各种文化传统的影响较之以前有过之而无不及。这个被称为中世纪黑暗时期,却见证了在中亚、中国和日本,人们普遍改宗佛教,儒家价值观念在东南亚的传播,伊斯兰教在北非、中东和中亚地区的传播,北欧人改宗基督教以及欧亚大陆各个地区文化和教育程度的提高等。[②] 这一时期,帝国扩张和长途贸易比以前更积极地推动了跨文化交流。可以说,这些交流影响了近代之前所有欧亚大陆民族的文化经历。

一、佛教在亚洲的传播

丝绸之路早期,商人就将佛教传播到东亚、东南亚和中亚等地。之后,佛教赢得了大批改宗者,在印度以外地区引起了大规模

---

① 关于这一时期长途贸易的研究,详见 Philip D. Curtin, *Cross-Culture in World History*, New York, 1984, pp. 90 - 108; C. G. F. Simkin, *The Traditional Trade of Asia*, London, 1968, pp. 49 - 124; Richard W. Bulliet, *The Camel and the Wheel*, Cambridge, Mass. , 1975; William H. McNeill, "The Eccentricity of Wheels, or Eurasian Transportation in Historical Perspective," in *Amercian Historical Review* 92, 1987, pp. 1111 - 1126; Wang Gungwu, *The Nanhai Trade: A Study of the Early History of Chinese Trade in the South China Sea*, Kuala Lumpur, 1958; George F. Hourani, *Arab Seafaring in the Indian Ocean in Ancient and Early Medieval Times*, Princeton, 1951; L. Rabinowiz, *Jewish Merchant Adventurers: A Study of the Radanites*, London, 1948; Richard Hodges and David Whitehouse, *Mohammed, Charlemagne and the Origins of Europe: Archaeology and the Pirenne Thesis*, Ithaca, 1983。(译者按:也可见宋岘译注《道里邦国志》,第164页)

② 对此更为激进的看法,详见 Christopher I. Beckwith, *The Tibetan Empire in Central Asia*, Princeton, 1987, pp. 173 - 196。

72　的社会改宗。公元 600—1000 年,帝国扩张和长途贸易促进了宗教在亚洲地区的传播,佛教在这一时期也广为传播,确立了自己的地位。这里简要追溯佛教在东南亚和中亚的传播,并详细考察佛教在中国的传播和确立过程。

从扶南王国衰落之后,到控制印度与中国海上贸易的岛屿帝国兴起之前,佛教在东南亚不断盛行。这些岛屿帝国中最重要的是三佛齐(Srivijaya,即室利佛逝)王朝。三佛齐王朝以苏门答腊东南部巨港为中心,从公元 7 世纪末—13 世纪一直控制着这一区域的海上贸易。三佛齐国王出于实用目的接受佛教,认为佛教能够为其权力增光添彩,为统治的合法性提供文化支持。在他们的支持下,佛教在东南亚不只是作为宫廷的"装饰品",而且还在被三佛齐征服的爪哇和马来半岛等地广泛传播。尤其在公元 8 世纪,正如三佛齐的商业和政治势力急剧扩张那样,大乘佛教在整个东南亚地区广为传播。

更为重要的是佛教在三佛齐王朝统治期间成为被普遍接受的宗教信仰。早在公元 671 年,中国僧人义净就见证了佛教在东南亚的影响力。义净在去印度途中曾在巨港(Palembang)短暂旅居了六个月,在那里发现了数千名僧侣。那些僧侣所学的佛教教义和履行的宗教仪式都与印度佛教相同。义净甚至认为那些想前往印度的中国僧人很有必要在巨港生活一到两年。后来,在回程中,义净在三佛齐旅居了长达十年时间(公元 685—695 年),还招徕其他的中国佛教徒与他一同前来。① 三佛齐佛教徒群体的规模和发

---

① D. G. E. Hall, *A History of SouthEast Asia*, 4th ed, New York, 1981, pp. 47 - 73; George Coedès, *The Indianized States of Southeast Asia*, trans. S. B. Cowing, Honolulu, 1968, pp. 81 - 188。关于义净在三佛齐的经历,详见 *A Record of the Buddhist Religion as Practised in India and the Malay Archipelago*, A. D. 671 - 695, trans. J. Takakusu, Delhi, 1966, p. 34。(译者按:中文文献关于义净事迹的记载,可参阅(唐)义净著,王邦维校注,《南海寄归内法传校注》,北京:中华书局,2009;(唐)义净著,王邦维校注,《大唐西域求法高僧传》,北京:中华书局,1988)

展状态表明了自愿改宗的巨大潜力,为大规模文化转变奠定了基础。佛教最初的传播得益于统治阶层和商人所发挥的作用,之后随着三佛齐王朝的海上扩张不断传播。当商业收入成为三佛齐王朝主要经济来源之时,更多的人改宗了佛教,支持佛教继续发展。

73

　　义净和他的同伴们主要关注虔诚和纯粹的佛教信仰,但不能忽视的是佛教在很多方面也迎合了东南亚地区其他文化传统的利益。佛教在宫廷中要让位于湿婆和毗湿奴,统治阶层对强调社会等级秩序的印度教价值观念也倍为推崇;同时,那些当地与太阳、土地和水等相关联的寓意"仁慈之神"的价值观念不仅存留下来,而且与传播到此的印度文化相互融合,形成了新的文化结构。东南亚本土文化传统并没有被轻易抛弃和取代,异域文化传统仅是以当地的利益需求进行阐释。这个过程不可避免地产生了文化融合,而非纯粹地接受异域文化标准。所以,东南亚本土神灵也融入到了印度众神之中——一则公元 17 世纪的柬埔寨碑文就是很好的例子,这则碑文刻画的当地宗教神灵的世系图中将湿婆、毗湿奴和其他异域神灵也排在其中。[1]

　　佛教在东南亚出现时,早已广泛传播于中亚绿洲族群之中,主要的绿洲地区早已出现了寺院、祭坛和官方雇佣的抄经者。除此之外,还有大量的佛经翻译人员,他们将以梵文或古印度语书写的佛教经典翻译为各种中亚和汉语文本。其中最著名的当属南北丝绸之路的汇合点和进入中国的必经之地敦煌。[2] 20 世纪早期,奥

---

[1] O. W. Wolters, *History, Culture, and Religion in Southeast Asian Perspectives*, Singapore, 1982, pp. 56 - 68.

[2] 关于中亚佛教,详见 Jan Nattier, *Buddhism in Central Asia : The State of the Field*,该文在 1988 年 11 月美国宗教会议之前公布,但并未发表。关于敦煌,详见 Aurel Stein, *On Ancient Central Asian Tracks*, London, 1933, pp. 177 - 237; Zenryu Tsukamoto, *Historcial Outlines of Buddhism in Tunhuang*, in *Chinese Buddhist Texts from Tunhuang*, Kyoto, 1958, pp. 1 - 10; *The Art Treasures of Dunhaung*, comp, Dunhuang Institute for Culture Relics, New York, 1981。

雷尔·斯坦因(Aurel Stein)、保罗·伯希和(Paul Pelliot)和其他探险家发现了敦煌大量惊人的宗教文书和艺术作品。大量宗教文书说明佛教在敦煌的传播和存在,还有一些宗教文书记载了摩尼教和聂斯托里派基督教在中亚的命运。除此之外,敦煌遗迹中最为壮观的是佛教徒在石窟中依山而创作的绘画和雕塑。在敦煌附近,学者们一共发现了492处石窟,其中很多都是以壁画的形式描绘释迦牟尼的一生以及大乘佛教认可的各种佛教神灵的经历。这些石窟建筑和彩绘从公元4世纪—14世纪,跨越千年之久(但大部分建于公元600到1000年间),清晰地反映了随着长途贸易的复苏和人们游历的增多,佛教也广为传播的盛况。

帝国的扩张和长途贸易推动佛教沿着绿洲向中亚各地传播。丝绸之路早期,在频繁往来于中国与西方的商人的推动下,佛教就出现在绿洲地区。但是此时,草原游牧民族只有在征服农耕社会,放弃了游牧生活方式,在新的地区确立统治之后,才对佛教感兴趣。然而,从公元7世纪开始,新兴的大帝国以及长途贸易的复苏,强有力地推动了游牧民族更直接的参与到欧亚大陆的政治和商业生活中,其中回纥人的文化转变最为明显。

回纥人生活在蒙古高原地区,数个世纪以来都被其他游牧民族统治。[①] 公元7世纪中叶之时,唐帝国的影响扩大到中亚地区,回纥成为唐帝国的附庸国。回纥在早期与中国结盟抵抗其他游牧民族,最终发展成为草原地区的统治民族。回纥力量逐渐强大,并帮助唐王朝化解了来自其他游牧民族的威胁,最为著名的是帮助唐王朝平叛了安禄山的叛乱。公元757年,他们收复了长安和洛阳,但两地随即却又陷入了叛军之手。回纥人的支持让唐王朝付出了巨大代价。在援兵唐朝过程中,回纥游牧武士在洛阳掠夺烧杀长达三天之久。回纥人借平定之功要挟商业利益,凭借强大的军事

---

① 关于回纥人,详见 Colin Mackerras, *The Uighur Empire according to the T'ang Dynastic Histories*, Columbia, S. C. , 1972; Thomas J. Barfield, *The Perilous Froniter: Nomadic Empires and China*, Cambridge, Mass, 1989, pp. 131 - 163。

实力,他们在与唐王朝的贸易谈判中获得很多优惠条件。长此以往,耗费了中国大量国力。公元 8 世纪中期,他们每匹运往长安的 75 年老体衰的马匹就能换 40 匹丝绸(在草原地区,一匹马差不多只能换一匹丝绸)。回纥人的强取豪夺却刺激了欧亚大陆的贸易经济——他们从中国获得丝绸,西部的突厥人再将这些丝绸贾贩到波斯和拜占庭帝国。可以说,在一个多世纪中,回纥人在欧亚大陆经济和政治发展中发挥着极其重要的作用。

　　回纥人贸然与多元化的外部世界建立联系时,自然与其他文化传统的民族发生交流。在与汉人、波斯人、拜占庭人以及沙漠绿洲居民交流过程中,他们接触到了佛教、摩尼教和聂斯托里派基督教,其中很多人都改宗了这些宗教。对回纥文化发展影响最大的是摩尼教,对此将在后面讨论。同时,佛教也引起了回纥人的关注。敦煌宗教文书显示,尽管很多回纥人坚持他们传统信仰萨满教,但也资助了摩尼教、聂斯托里派基督教和佛教。更为重要的是,回纥人广泛的流动性和商业活动促进了佛教在中亚的传播。可是说通过回纥人,佛教在草原地区首次获得了立足之地。[①]

　　在东南亚和中亚地区,很多人自愿改宗佛教,佛教因此获得了很多追随者。佛教对中国的影响更为明显,成功地吸引了商人和统治阶层改宗,为中国社会大规模改宗奠定了基础。在刚传入中国的几个世纪中,佛教只是作为贸易聚集区的文化选择。中国最早的佛教徒都是异域商人,这些商人经常资助同为异乡人的僧侣和布道僧。当地中国人认为他们的价值观念难以理解,格格不入,大多选择抵制和排斥。但是,这些商人却赢得了统治阶层,特别是征服中国北方的游牧民族的支持和保护,他们主动与这些商人建立联系,并接受了佛教信仰。公元 6 世纪长途贸易大规模兴起时, 76

---

① 关于回纥文化,详见 James Hamilton, *Manuscrits ouighurs du IXe—Xe siècle de Touen — Houang*, Paris, 1986, pp. 175 - 182; Hans-J. Klimkeit, "Christians, Buddhists and Manichaeans in Medieval Central Asia," in *Buddhist-Christian Studies* 1, 1984, pp. 46 - 50。

中国佛教徒很好地把握了这一良机。由于佛教徒数量不断壮大，宗教仪式中必需的香料、象牙、雕像、宝石和宗教服饰以及寺院所需的各种装饰物资的需求量激增，刺激了长途贸易的发展，长途贸易的发展转而又推动了佛教在中国的传播。①

佛教又是如何走出异域商人贸易聚居区，被中国人接受呢？历史和宗教学者很难对此做出明确解释。原因之一就是印度文化与中国文化在语言、心理、道德、政治和社会等各个方面格格不入，很难理解中国人为什么会接受一个以极为陌生的语言表达的异域信仰，也就不必惊讶为什么佛教在向外传播的最初几个世纪中，在中国只赢得了极少数人改宗。然而，佛教僧人和布道僧逐渐找到了传播他们信仰的方法，让佛教跨越了文化边界，赢得了中国人的兴趣，并以文化融合的方式让整个中国社会都改宗佛教。

佛教在中国受欢迎一定程度上是因为自身教义的发展。早期佛教有着严格的教义，认为只有那些遵循严苛的道德和行为的人才能得救。但在公元初期，印度北部的佛教徒提出了一种更易被接受的教义，即一些“即将成佛的菩萨”的佛教徒为了拯救其他人，推迟进入到极乐世界。这些菩萨像基督教圣徒一样，有能力干预尘世间的事务，帮助那些尚未得救的佛教徒进入极乐世界，为人们带来福祉。由于该学派认为人们能够轻易获得自我救赎，与早期佛教思想不同，所以被称为大乘佛教（意为“大的车乘”）。大乘佛教也是针对更严苛的小乘佛教（意为“小的车乘”）而言，因为小乘佛教坚持认为只有少数人，尤其是特别虔诚的人才能得救。随着汉帝国瓦解、游牧民族的入侵和中国不稳定的政治环境，以简单的方式宣扬自我得救的大乘佛教更易引起大部分中国人的兴趣。

当佛教徒尝试与陌生的中国信仰和价值观念交流时，道教成为

---

① Liu Xinru, *Ancient India and Ancient China*: *Trade and Religious Exchanges*, A. D. *1 - 600*, Delhi, 1988, pp. 139 - 158; Wang Gungwu, *The Nanhai Trade*: *A Study of the Early History of Chinese Trade in the South China Sea*, Kuala Lumpur, 1958, pp. 46 - 61, pp. 113 - 117.

沟通中印文化的桥梁。道教和佛教教义差异甚大，一度长期陷入竞争、对立的状态。但是，早期佛教徒大多选择在道观周围生活，也认可中国人将释迦牟尼当做道教的神灵进行祭拜。同时，很多布道僧和佛经翻译者以中国人熟悉的道教术语表达佛教教义。早期佛经翻译者将佛教的"佛法"（即佛教的基本教义）译为汉语的"道"（道教中的"道法"，意指宇宙的基本法则），将佛教的"涅槃"（进入极乐世界）意译为汉语中的"无为"（道家崇尚的无为而治的思想）；除此之外，佛教还借鉴了儒家和中国其他文化传统的术语：如梵文的 Sila（伦理或道德）被翻译为"孝顺"（儒家的孝道）。佛教与道教密切联系，以致很多中国人错误地以为佛教是道教的一个分支。[①]

　　佛教在中国受欢迎的程度与基督教在罗马帝国相似。佛教布道僧以一些法术和奇闻异事获取人们注意。他们假装有超自然的能力，让人们很容易相信佛教能够带来福祉和利益。中国早期佛教记载了很多这样的事情，例如好的修行让人身强体健、获得好的社会地位以及自我得救，对寺院的馈赠能够让人超脱痛苦等。还有一些奇闻异事暗含着政治意义，但同样增加了佛教在普通民众中的声望，例如在洛阳，佛像经常不由自主地流泪、挪动或离开原位，暗示即将发生的政治动乱。[②] 不难看出，尤其在隋唐时期中国　　78
政治秩序重新恢复之前，这些奇闻异事的广泛流传很容易对颠沛流离的民众产生影响。

[①] Liu Xinru, *Ancient India and Ancient China：Trade and Religious Exchanges*，A. D. 1 - 600，Delhi，1988，pp. 139 - 158；Arthur F. Wright，*Buddhism in Chinese History*，Stanford，1959，pp. 31 - 41.

[②] Liu Xinru, *Ancient India and Ancient China：Trade and Religious Exchanges*，A. D. 1 - 600，pp. 167 - 173；Yang Xuanshi，*Memories of Loyang：Yang Hsüan-shih and the Lost Captial（493 - 534）*，trans. W. J. F. Jenner，Oxford，1981，pp. 192 - 193，pp. 198 - 199，p. 251. 杨的著作也被翻译为 *A Record of Buddhist Monasteries in Lo-yang*，trans. Y. T. Wang，Princeton，1984，pp. 98 - 99，pp. 109 - 110，p. 208.（即北魏杨衒之，《洛阳伽蓝记》，参见（北魏）杨衒之著，周祖谟校释，《洛阳伽蓝记》，北京：中华书局，1963 年。——译注）

同时,中国士大夫和统治阶层也极为关注佛教。尤其在南方地区,受过良好教育的门阀贵族,使得佛教在士大夫阶层中成为继儒家和道教之外的又一种选择。大概在公元4世纪末或5世纪之时,这些门阀贵族在坚持中国本土传统的同时,强调佛教与儒家、道教的相似之处,例如他们认为佛教道德观念和宗教仪式对儒家人士颇具吸引力,注重内省的观念与道家类似。士大夫所信奉的佛教在很多方面都比较浅易,不够虔诚:早期的士大夫佛教徒在谦恭礼让的社会氛围中擅长言词激辩,很少关注佛教教义,也没有积极推动佛教的传播,但是士大夫所信奉的佛教还是逐渐得到了宫廷和皇帝的支持。公元5世纪初,佛教的地位在中国南方地区已经稳固确立。①

这一时期的统治阶层也意识到了佛教的益处,其中最为突出的是建立北魏(公元386—534年)、统一中国北方的鲜卑族人拓跋珪。拓跋珪并没有抛弃传统的萨满教,同时也接受了佛教。拓跋氏自喻为释迦牟尼的化身,密切监督佛教在北魏的发展。在北魏首都平城和洛阳,佛教第一次作为官方机构出现在中国。拓跋氏慷慨地资助佛教修建寺院,赐予大量土地,参加主要的宗教仪式和节日,以换得佛教徒对其统治合法性的认可。②

隋朝和唐初的皇帝为了得到政治支持,基本沿袭了拓跋氏的佛教政策。很多皇帝对佛教都十分虔诚,但并未任其发展,而是成立了相应的监管机构,确保佛教像其他宗教一样效忠于朝廷。即便如此,公元6世纪—8世纪末期,佛教还是得到了很多恩惠——隋

① 关于早期佛教的研究,详见 E. Zürcher, *The Buddhist Conquest of China*, 2vols, Leiden, 1959 - 1972; Wright, *Buddhism in Chinese History*, pp. 42 - 54; Tsukamoto Zenryu, *A History of Early Chinese History*, trans. L. Hurvitz, 2vols, Tokyo, 1985。

② Yang Xuanshi, *Memories of Loyang: Yang Hsüan-shih and the Lost Captial* (493 - 534), trans. W. J. F. Jenner, introduction, pp. 16 - 37; René Grousse, *The Empire of the Steppes: A History of Central Asia*, trans. N. Walford, New Brunswick, 1970, pp. 60 - 66.

唐时期,朝廷赠予僧侣大量土地,让他们在宫廷中扮演重要角色,僧侣还从皇帝资助寺院的建设中获利甚丰。同时,还有其他一些恩惠,例如隋唐时期经常举行盛大的佛教节日,支持佛经的抄写和传播,号召王子和朝臣祭拜佛祖,并将佛教仪式引入宫廷和国家礼仪中。官方的支持和资助让佛教在隋朝和唐朝早期一度成为官方宗教。[1]

佛教不仅在宫廷中受欢迎,除了隋唐时期官方支持以外,广大民众对佛教也有着极高的热情,但这并不意味着他们就会改宗佛教,或为了实现某种愿望去迎合佛教。佛教之所以获得民众的支持,一定程度上是因为它在中国社会中扮演着十分重要的角色。当僧侣获得赏赐的土地时,就会迅速建立寺院,并在周围地区组织农业生产。长此以往,他们拥有了大量土地和富足的粮食,并负责着这些粮食的分派。随着经济实力的壮大,这些僧侣会变得奢靡、滥用职权,但也会在饥荒和政治混乱时期帮助那些颠沛流离的人免于被饿死,维护社会稳定。公元 5 世纪末期之后,大批中国人出家为僧、进入寺院,广大民众的支持推动佛教在中国快速发展。[2]

佛教融合了中国其他文化传统,体现了中国文化传统的趣味,在中国大受欢迎。中国两支最重要的佛教派别禅宗和净土宗很早就受到道教影响。禅宗和净土宗的支持者对充满神秘色彩的印度佛教经文和教义并没有多大兴趣,更加强调道教提倡的深思、坚守信仰、自发感知和顿悟等,而不是对经文的学习和推理思考。所以,道教再次成为中国文化与印度文化的桥梁,推动中国人改宗佛教。

中国佛教通过与普通民众和统治阶层的文化融合而受益匪浅。毫无疑问,帝国资助建立寺院让官方认可的佛教教义和仪式传遍了中国,并鼓励所有人都支持当地佛教的发展。但是,实际上,生

80

---

[1] Arthur F. Wright, *The Sui Dynasty*, New York, 1978, pp. 126 - 138; Stanley Weinstein, *Buddhism under the Tang*, Cambridge, 1987.

[2] Jacques Gernet, *Les aspects économiques du bouddhisme dans la société chinoise du Ve au Xe siècle*, Saigon, 1956, pp. 90 - 101; Kenneth K. S. Ch'en, *Buddhism in China: A Historical Survey*, Princeton, 1964, pp. 145 - 158.

活在村庄的僧侣大多都没有接受过正规的佛教教义训练,仍旧以传统方式满足人们的宗教需求。他们在婚礼和葬礼上提供宗教服务,并且推测未来,治病救人,施法以及教化众生等;同时,佛寺经常建立在当地的神灵周围。随着体现中国色彩的佛像的出现,本土神灵也逐渐与菩萨混同。除此以外,宗教节日和仪式也融合了印度和中国两种元素,例如佛教一个最重要的节日盂兰盆节,充满了中国人祭祀祖宗的色彩。公元11至19世纪,佛教与中国传统文化的融合一直持续,成为了一种融合了孔子、老子和释迦牟尼思想的宗教信仰。[①]

在统治阶层和普通民众的文化中,虽然佛教迎合了中国人的趣味和传统,但并没有完全丧失自身特点,其中最主要的原因是印度和中国存在着大量跨文化贸易。公元3至9世纪期间,成千上万的印度布道高僧来到中亚和中国,得到了宫廷对佛教的资助和支持。同时,中国大量的朝圣者前往印度,学习梵文,收集和抄写经书,拜访佛教圣地。尽管现在并没有多少印度布道僧的事迹流传下来,但是他们的传教和翻译工作为佛教在中国的传播发挥了重要作用。

81

大量前往印度的中国朝圣者的事迹流传下来,广为人知。通向印度的行程充满艰辛、危险。公元399到414年,法显在印度和锡兰,学习梵文,抄写经书,拜访圣地,敬奉舍利,研习佛教故事和知识(见图3:法显前往印度的路线。——译注)。他在翻越一座高山时遭遇了暴雪,失去了一名同伴;回程途中,在东南亚的海难中得以幸存。公元518年,高僧宋云和慧生开始了长达四年的印度之旅。返回时,携带了170卷大乘佛教经文和有关释迦牟尼生平的大量信息。

---

① 关于佛教的流行,详见 Wrigh, *Buddhism in Chinese History*, pp. 72 - 75, pp. 96 - 107; Edwin O. Reischauer, *Ennin's Travel in T'ang China*, New York, 1955, pp. 164 - 216; Ennin, *Ennin's Diary: The Record of a Pilgrimage to China in Search of the Law*, trans. E. O. Reischauer, New York, 1955。

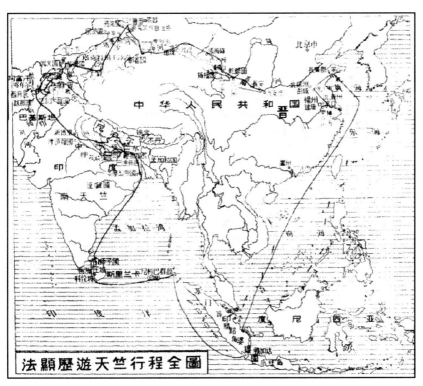

图3　法显前往印度的路线①

① 地图来源:章巽校注,《法显传》,北京:中华书局,2008 年,附录第1图。——译注

图 4　玄奘前往印度路线①

---

① 地图来源:张芝联,《世界历史地图集》,第 50 页。——译注

受法显精神的鼓舞,高僧玄奘在公元629—645年到印度求法(见图4:玄奘前往印度路线。——译注)。他拜访圣地,向著名的圣僧学习佛教知识,并将124卷新的大乘佛教经文、舍利、雕像和佛教服饰等,用22匹马驮回中国。

公元671—695年,高僧义净在印度和东南亚停留长达25年。他在那里学习梵语和佛教教义,严格遵循佛教习俗和礼仪,共收集了超过400卷的佛教经文,还撰写包括自己在内的一共57位僧人前往印度求法的传记,即《大唐西域求法高僧传》。回国后,他还翻译了56部经文,多达230余卷。①

义净的记载清晰地表达了去西天求法的辛酸历程和矢志不渝的决心:"我行之数万,愁绪百重思;那教六尺影,独步五天陲。上将可陵师,匹士志难移。如论惜短命,何得漫长祇!"②如果没有足够坚强的内心和自我牺牲的信念,佛教就不可能在中国稳固确立。若不是印度与中国长期保持着联系,佛教就必然会被中国传统文化所同化。

即使有着布道高僧、朝圣者和官方支持,佛教在中国发展也并非一帆风顺。早期儒家和道教人士对佛教口诛笔伐。公元4世纪,中国南方信仰佛教的士大夫遭受各种责难,很多人认为佛教的确立削弱了国家权力,寺庙对经济毫无益处,佛教是劣于中国文化

① 关于这些中国求法高僧的事迹,详见 Faxian, *A Record of Buddhistic Kingdom*, trans. J. Legge, Oxford, 1886; Yang, *Memories of Loyang*, pp. 255 - 271; Xuanzang, *Si-yu-ki: Buddhist Records of the Western World*, trans. S. Beal, 2vols, London, 1906; Yijing, *A Record of the Buddhist Religion*; *Chinese Monks in India*, trans. L. Lahiri, Delhi, 1986。(相关中文文献,参阅(晋)法显著,郭鹏译注,《佛国记》,长春:长春出版社,1995;(北魏)杨衒之著,周祖谟校释,《洛阳伽蓝记》;玄奘著,辨机编次,芮传明译注,《大唐西域记》,贵阳:贵州出版集团、贵州人民出版社;(唐)义净著,王邦维校注,《南海寄归内法传校注》;(唐)义净著,王邦维校注,《大唐西域求法高僧传》。——译注)

② Yijing, *Chinese Monks in India*, trans. L. Lahiri, Delhi, 1986, pp. 75 - 76; Yijing, *A Record of the Buddhist Religion*, p. 27。(引文出自(唐)义净著,王邦维校注,《大唐西域求法高僧传》,第151—152页。——译注)

传统的异域信仰,僧侣的禁欲主义违背了自然的社会秩序,并破坏了家庭的和睦。① 这些责难持续数个世纪一直萦绕在中国佛教徒耳边,其中最具代表性的是尊儒的韩愈。他公开指责佛教是传入中国的"夷狄之法"。他在公元819年坚决反对皇帝祭拜佛指舍利,指责佛教为"夷狄之法"——

> 今闻陛下令群僧迎佛骨于凤翔,御楼以观,异入大内,又令诸寺递迎供养。臣虽至愚,必知陛下不惑于佛,作此崇奉,以祈福祥也。直以年丰人乐,徇人之心,为京都士庶设诡异之观,戏玩之具耳。安有圣明若此,而肯信此等事哉!然百姓愚冥,易惑难晓,苟见陛下如此,将谓真心事佛,皆云:"天子大圣,犹一心敬信;百姓何人,岂合更惜身命!"……
>
> 夫佛者本夷狄之人,与中国言语不通,衣服殊制;口不言先王之法言,身不服先王之法服,不知君臣之义,父子之情。假如其身至今尚在,奉其国命,来朝京师,陛下容而接之,不过宣政一见,礼宾一设,赐衣一袭,卫而出之于境,不令惑众也。况其身死已久,枯朽之骨,凶秽之余,岂宜令入宫禁?②

在宫廷的支持下,佛教最终克服了这些困难,取得了蓬勃发展。直到公元9世纪会昌年间,唐武宗面临一系列严峻的政治和经济困境,发动了灭佛运动。国内的起义和游牧民族突厥的入侵耗尽了唐朝的财力,由此激发了朝廷对异域文化的敌意。佛教寺院占有大量田产,且不纳税,因此备受攻击。公元841年,日本高

---

① Tsukamoto Zenryu, *A History of Early Chinese History*, 2vols, trans. L. Hurvitz, vol. 1, pp. 254 - 320.

② Stanley Weinstein, *Buddhism under the Tang*, Cambridge, 1987, pp. 114 - 136; Ennin, *Ennin's Diary: The Record of a Pilgrimage to China in Search of the Law*, trans. E. O. Reischauer, New York, 1955, pp. 308 - 393; Reischauer, *Ennin's Travel in T'ang China*, pp. 217 - 271. (引文出自(唐)韩愈著、严昌校点:《韩愈集》,长沙:岳麓书社,2000年,第408—409页。——译注)

僧圆仁在中国求法取经,发现佛教已经失宠。公元 842—845 年间,唐朝颁布了一系列严密监控佛教僧侣的法令。公元 845 年,皇帝下令关闭了 4600 余座寺院,拆除了 40000 余座祭坛和佛像,遣散了 260000 余名僧人和尼姑还俗。同时,遭到迫害的还有琐罗亚斯德教、聂斯托里派基督教和摩尼教,但佛教遭受的打击最大。[①]这次灭佛运动并没有彻底消除中国佛教,直到公元 20 世纪佛教在中国都依然存在,但是佛教文化和经济基础都遭到了严重的破坏,再也无法恢复到隋朝和唐初时的地位和繁荣程度。

在跨文化联系和交流中,佛教在中国的经历说明了两点。即,第一,最初佛教大规模传播是因为中国人自愿改宗。尤其在中国北方,商人发现佛教的普世价值观念颇具吸引力,这让佛教成为继传统的家庭和宗族价值观念之外的一种文化选择。同时,统治阶层为了统治合法性和统一文化,大力资助佛教。由于南北方佛教徒共同努力,佛教迅速传遍中国。隋朝和唐初,官方支持不仅确保了佛教在东亚的长期存在,也推动了佛教传播。

第二,由于佛教融合了普通民众和统治阶层的文化,引起了中国社会大规模改宗。经验丰富的佛教布道僧以中国文人和思想家的方式传播佛教教义,强调佛教与儒家和道教相似之处。同时,佛教继儒家、道教之后,进入到了广大农村地区。佛教甚至在一些方面彻底地融入到道教之中,以至于很难区分佛教僧侣、寺院与道教的区别。

但这些并不意味着佛教彻底被中国文化同化,丧失自己的特点。相反,佛教在汉语和中国文化中留下了深刻的痕迹,带来了很多新的词汇、神灵、宗教节日和观念认识等,例如中国文化中的"因果报应"和"来世观念"等都来自于佛教。同时,佛教在明清之际的

① Stanley Weinstein, *Buddhism under the Tang*, Cambridge, 1987, pp. 114 - 136; Ennin, *Ennin's Diary: The Record of a Pilgrimage to China in Search of the Law*, trans. E. O. Reischauer, New York, 1955, pp. 308 - 393; Reischauer, *Ennin's Travel in T'ang China*, pp. 217 - 271.

中国主流哲学思想新儒家思想的形成中,扮演了重要的角色。[1] 可以说,佛教通过对本土传统的融合和吸收,为中国人的思想和文化打上了深深的烙印。

二、中国在东南亚和中亚的贸易和扩张

从很早开始,南方的异域商品就引起了中国人的注意。[2] 秦始皇曾先后派出五批军队,总计达 50 万人,寻找犀牛角、象牙、翠鸟的羽翎、龟壳和珍珠等的输入通道。汉代时,中国铁被运往南方交换帝国或皇室所需的异域物资。汉朝瓦解后,不稳定的政治环境使得与南方的贸易中断达数世纪之久。隋唐再度统一为与南方的贸易带来了新契机,进一步巩固了中央对南方地区的统治。隋炀帝以举国之力开通大运河,联系了杭州、长安和涿郡(今北京附近)等地,将长江流域有效地纳入到帝国官僚和税收体系之中。伴随着大量人口南迁,南方逐渐被纳入汉人文化传统之中。唐初,中央统治继续向南拓展,到达南越[3]之地,让汉人更加频繁地与南方土著民族占族、孟族、高棉族、老挝人甚至还有远航到中国南海地区的波斯和阿拉伯商人接触。[4] 但是,总的来看,很多汉人都不向往南方地区,诗人张籍在《送南迁客》中写道——

去去远迁客,瘴中衰病身。青山无限路,白首不归人。

---

[1] Wright, *Buddhism in Chinese History*, pp. 86 - 127; Kenneth K. S. Ch'en, *Buddhism in China: A Historical Survey*, Princeton, 1964, pp. 471 - 486.

[2] Wang Gungwu, *The Nanhai Trade: A Study of the Early History of Chinese Trade in the South China Sea*, Kuala Lumpur, 1958.

[3] 作者在这里以越南(Vietnam)称谓中国南方地区,似有不妥,"南越之地"和"中国南方之地"更为确切。——译注

[4] 关于这些交流的研究,详见 Edward H. Schfer, *The Vermilion Bird: Tang Images of the South*, Berkeley, 1967。

> 海国战骑象，蛮州市用银。一家分几处，谁见日南春。①

所以很少有人愿意前往南方地区，大多都是被迫才去，如士兵、行政官员和流放者等。

唐代很少有人称颂南越之地，对其风俗物产、气候环境以及文化的荒芜感到不屑。而且，他们对当地族群十分不敬，通称其为"南蛮"，并经常给其冠以各种不同的蔑称。

86

公元9世纪被流放到南方的柳宗元却是一个例外。柳宗元遭受迫害，渴望回到中原地区。像其他人一样，他认为南越之地荒蛮不堪。柳宗元提出应该镇压黄巢起义（爆发于公元8—9世纪），并将当地参加叛乱的人比作蝗灾鼠害——

> 今者中华宁谧，异类服从，唯此南方，尚余寇孽。伏以黄少卿等，凭培塿以自固，合荃脆以为强。劫胁使臣，侵暴列郡。虽狐鼠之陋，无足示威，而蜂虿之微，犹能害物。必资剪伐，方致和平……②

后来，柳宗元逐渐平复，开始了平静的生活，并致力于将汉文化传播到南方。他鼓励佛教在南方传播，希望以佛教改变当地人混乱的信仰状态，进行道德教化。此外，他还组织建造了寺庙和佛像，为佛教学徒提供资助，组织佛教活动，当地居民开始不信鬼神、拒绝杀戮，充满仁慈和博爱。③

柳宗元等人认为北方文化具有优越性，当地人应当接受汉族的传统方式，并以此进行生活，但是他们的期望大多落空。如果说柳宗元成功地宣扬了佛教价值观念，那也是个特例。其他人也曾在

---

① Edward H. Schfer, *The Vermilion Bird：Tang Images of the South*, p. 24.（详见（唐）张籍，《张籍诗集》，北京：中华书局，1959年，第14—15页。——译注）

② （唐）柳宗元著，《柳宗元集·为裴中丞上裴相乞讨黄贼状》，北京：中华书局，2000年，第537—538页。——译注

③ Edward H. Schfer, *The Vermilion Bird：Tang Images of the South*, p. 50，p. 91.

那里传业、教化、引进和改良技术以及攻击迷信,但结果总不尽如人意。虽然,他们认为当地年轻人对他们的学说充满兴趣,但没有意识到这些人只是想通过中国传统文化得到权贵而已。汉文化并没有给南越之地的人们带来相应的物质和政治利益,所以这些人很快就回归到自己的宗教信仰和价值观念之中。

这一时期,并没有多少汉人生活在南越,即便是有,也不会产生长时期的文化转变。无论如何,南越都没有完全被汉化。整个唐代,南越继续保持他们的传统信仰,继续尊奉宗族,在政治和军事方面强烈抵制中央的扩张。但是,印度、印度尼西亚商人和汉人移民带来的佛教最终在南越立足。同时,那些生活在南越的汉人后裔,与他们父母不同,对这里的环境、生活习俗都已经适应。久而久之,大量汉人逐渐适应了南方地区的生活,汉人的思想和价值观念一定程度上也影响了南越文化。①

唐代,中国对东南亚扩张一个最显著的后果是对异域物资兴趣的不断增强。异域物资和奢侈品象征着统治阶层的尊贵,统治阶层也总想设法控制这些物资的使用和销售,所以让其具备了深刻的政治意义。② 公元 8—9 世纪期间,中国对异域物资的需求较之以前大为激增,唐帝国巨大的财力和影响力推动了整个欧亚大陆的贸易。各地商人都来到中国,在贸易中心地区建立聚居区。公元 8 世纪,广州大约有 20 多万名商人,大多来自东南亚、印度尼西亚、锡兰、印度、波斯和阿拉伯等地。公元 879 年,黄巢起义攻占广州,在那里大肆劫掠,杀害了大约 12 多万名异域商人。异域商人带来的香料、动物、手工制品以及奴隶等,引起了中国人强烈的兴趣,推动了中国与欧亚大陆各地的贸易发展。

---

① Edward H. Schfer, *The Vermilion Bird*: *Tang Images of the South*, pp. 45 - 47, pp. 56 - 69, pp. 90 - 114.

② 关于对此的认识,详见 Mary W. Helms, *Ulysses'Sail*: *An Ethnographic Odyssey of Power*, *Knowledge*, *and Geographical Distance*, Princeton, 1988, pp. 66 - 130; Jane Schneider, "Was There a Pre-Capitalist World System?" in *Peasant Studies* 6,1977, pp. 20 - 29。

　　中国唐代大部分贸易物资经过南海，也有一部分通过陆路商队
运输。由于对西方贸易的兴趣，唐朝势力重新影响到中亚和东南　　88
亚地区。公元 7 世纪，唐朝统治范围远达蒙古、突厥、西藏和中亚
河中地区等，与新兴起的阿巴斯王朝接壤。如同在东南亚扩张一
样，阿巴斯王朝在西域的出现让中国与不同文化和文明民族有了
更密切的商贸和政治关系。东南亚和中亚的贸易物资和民族刺激
了唐朝对异域物资的兴趣。但是，唐朝官员竭力降低外邦人对中
国的影响，他们密切监管贸易、命令外邦人居住在指定区域，严格
禁止外邦人与中国女性通婚。尽管如此，异域物资、服饰和习俗还
是在中国广泛流行。很多达官显贵都被突厥习俗所吸引，著名的
例子是唐太宗的儿子喜欢讲突厥语，并在自己宫殿内搭建突厥帐
篷。唐代都城（长安和洛阳）到处都体现了异域风俗文化的影响，
元稹在《和李校书新题乐府十二首·法曲》（节选）中表达了自己的
不满——

　　　　　自从胡骑起烟尘，毛毳腥膻满咸洛。
　　　　　女为胡妇学胡妆，伎进胡音务胡乐。[1]

　　中国传统文化对中亚影响远不及对南越深刻，主要是由于中
国没有长期保持对中亚的影响力。儒家思想的传播依赖于中国
官僚体系和儒家士人，必要时还需要政治和军事支持。唐朝势力
在中亚存在并没有存在多长时间，因此中国文化也无法在那里产
生很大影响。尽管如此，中亚地区还是受到各种文化传统的影
响，其中很多人改宗佛教、摩尼教或聂斯托里派基督教，而这些宗　　89
教文化并非都是政治和军事影响的结果。中亚的族群处于文化
边界地区，与其他地区有着密切的商业往来，印度和中东的宗教
文化观念和道德规范符合他们的利益，所以中亚民族大多都自愿
改宗这些宗教。但是，唯一让人费解的是中国文化传统并没在中

---

[1]（唐）元稹，《元稹集》，北京：中华书局，1982 年，第 282 页。——译注

亚生根。

实际上,公元 600—1000 年,中国文化对中亚的影响主要通过佛教产生,而非本土的儒家或道教。直到公元 8 世纪之时,中亚主要是佛教萨婆多部(Sarvastivada,即小乘佛教),但中国很早就选择了大乘佛教。中国佛教徒和高僧在公元 8—11 世纪期间活跃于中亚地区,让中亚地区改宗了大乘佛教。[1] 学者对中亚佛教徒从小乘佛教改宗到中国大乘佛教的原因尚不清楚,但以此我们可以看出,早期改宗并非单纯地选择改宗异域宗教文化,而是以他们的利益出发选择那些对其有意义的宗教文化。公元 10 世纪之后,随着佛教在印度的衰落,广大的中国佛教徒确保了大乘佛教在中亚的发展,大乘佛教简易和大众化的教义吸引了很多人改宗。

三、早期伊斯兰教的传播

伊斯兰教的兴起为世界文化发展带来了剧烈影响。伊斯兰教信仰最初只在穆罕默德家族和亲友之间传播,之后在其宗族,乃至更大范围传播。穆罕默德(公元 570—632 年)将早期穆斯林群体发展成为组织严明的社会,并控制了阿拉伯南部和西部地区。穆罕默德死后,早期哈里发将伊斯兰教扩张到整个阿拉伯半岛地区,北至亚美尼亚,东至阿富汗,向西穿越埃及到达北非的黎波里。公元 661—750 年,倭马亚王朝哈里发又向东扩张到印度河,向西扩张到马格里布和伊比利亚大部分地区。伊斯兰教历经一个多世纪,从一种商人信仰演变成从西北非阿忒拉斯山脉到兴都库什山脉这一辽阔区域的官方宗教。

---

[1] Jan Nattier, "Buddhism in Central Asia", "The Heart Sutra: A Chinese Apocryphal Text?" in *Journal of the International Association of Buddhist Studies forth*,即将出版。

历史学家认为早期伊斯兰教快速传播主要基于以下几点。[1]首先,拜占庭和萨珊波斯帝国日益衰落,无法有效阻挡阿拉伯战士。第二,穆斯林军队有着强烈的战争热情。伊斯兰教让不同的部落和宗族从相互猜忌、嫉妒和复仇(这也是之前阿拉伯社会衰落的主要原因)中走了出来,变得日益团结。第三,骆驼运输的改良也提供了便利。[2]公元前500年—前200年间,阿拉伯就开始在商业和军事领域使用骆驼。骆驼鞍座有效地发挥了骆驼的作用,战士能够在坐骑上挥舞刀剑和长矛,让早期伊斯兰军队能够穿越不毛之地,无可匹敌。此外,公元6世纪长途贸易的复兴——隋唐时期刺激了东亚和东南亚贸易市场的发展;突厥部落,特别是回纥人,重新活跃在中亚商路上;倭马亚王朝哈里发将北非和中东地区纳入了比以前更大的长途贸易网络中;最后,阿巴斯王朝可以与北至波罗的海、南到印度洋、东至中国南海的商人进行贸易。可以说,早期伊斯兰教从公元6世纪兴起的长途贸易中获利匪浅。[3]

在随后数百年间,伊斯兰教不断发展壮大。但是,在伊斯兰教 91
基础上形成的伊斯兰政治、社会、经济和文化,缘何能够在各个不同的文化区域广泛传播,备受欢迎? 其中主要有内外两个方面的因素。

早期伊斯兰教徒极为善战,富有侵略性。穆罕默德及其追随者在麦地那建立稳定的政治军事秩序以后,为统治阿拉伯半岛经常发动圣战。穆罕默德去世后,当一些部落试图脱离伊斯兰群体或阻止伊斯兰教发展时,哈里发通过战争迫使他们效忠、归顺。武力

---

[1] Marshall G. S. Hodgson, *The Venture of Islam*, Chicago, 1974, vol. 1; M. Lapidus, *A History of Islamic Societies*, Cambridge, 1988. 关于改宗伊斯兰教,详见 Michael Gervers and Ramzi Jibran Bikhazi, *Conversion and Continuity: Indigenous Christian Communities in Islamic Lands, Eighth to Eighteenth Centuries*, Toronto, 1990。

[2] Bulliet, *The Camel and the Wheel*, pp. 87 - 110.

[3] Hodges and Whitehouse, *Mohammed, Charlemagne and the Origins of Europe*, pp. 123 - 168.

征服迫使阿拉伯地区的部落首领改宗伊斯兰教。军事征服引发的改宗也在倭马亚征服马格里布时出现。倭马亚王朝的军队遭到了柏柏尔游牧民族坚决抵抗,在战争中倭马亚军队将伊斯兰教作为圣战武器迫使柏柏尔人改宗。

但总体来看,早期穆斯林在阿拉伯半岛以外地区并没有强迫人们接受伊斯兰教。《古兰经》提倡以传教的方式让人们改宗:"(256)对于宗教,绝无强迫;因为正邪确已分明了。谁不信恶魔而信真主,谁确已把握住坚实的、绝不断折的把柄。真主是全聪的,是全知的。"①穆斯林传教士有义务宣扬教义,但不能为了伊斯兰教利益而强词夺理。那些不接受伊斯兰教的人自会对他们的命运负责:"(48)如果他们逃避,那末,我没有派你做他们的监护者,你只负通知的责任。我使人类尝试从我发出的恩惠的时候,他们因恩惠而快乐;他们因为曾经犯罪而遭难的时候,人类确是孤恩的。"②

早期伊斯兰教改宗者真正将伊斯兰教作为自己的精神信仰。尽管,伊斯兰教传播方式与佛教、基督教不同,但从一开始就得到了国家支持。倭马亚时期,伊斯兰教在北非和中东广泛传播,获益颇丰,与阿育王时期备受尊崇的佛教和君士坦丁改宗基督教后的形势一样。可以说,早期伴随着国家支持,政治、律法、社会和经济资助刺激很多人改宗伊斯兰教。③很多穆斯林统治者都允许臣民保留传统的宗教,但是穆斯林有更多机会进入到权力阶层,非穆斯林被限定在特定地区生活,防止其进入新的伊斯兰社会。总的来看,早期伊斯兰教引起整个社会改宗并形成独特的伊斯兰教文明,主要是由于政治、社会和经济压力迫使的结果。当然,这并非是说

---

① 马坚译,《古兰经·黄牛》,第 30 页。——译注

② 马坚译,《古兰经·金饰》,第 376 页。——译注

③ Nehemia Levtzion, *conversion to Islam*, New York, 1979; Levtzion, *Toward a Comparative Study of Islamization*, Introduction, pp. 1 - 23; Georges C. Anawait, "Factors and effects of Arabization and Islamization in Medieval Egypt and Syria," in Speros Vryonis ed. *Islam and Culture Change in the Middle Ages*, Wiesbaden, 1975, pp. 17 - 41.

早期伊斯兰教强迫人们改宗,而是国家在政策上支持和鼓励人们改宗伊斯兰教,并惩罚那些不接受的人,极大地推动了伊斯兰教传播。

其中备受学者关注、也最为重要的是伊斯兰统治者对非穆斯林臣民征收的吉兹亚税,即人头税。[1] 人们只要改宗伊斯兰教,就能免除人头税。人头税没有沉重或严重到让非穆斯林无法承担,大部分基督教徒、犹太教徒、琐罗亚斯德教徒、佛教徒、印度教徒和其他教徒都选择交税来保留他们的宗教传统。然而,有些并不坚定地信奉自己传统宗教的人,大多选择免交人头税,改宗伊斯兰教。事实上,在回历 1 世纪期间,改宗伊斯兰教免交的人头税造成了倭马亚王朝严重的经济困难。倭马亚官王朝的一些官员甚至企图让新改宗伊斯兰教的人纳税,但最终未能如愿,只能转而寻找其他的经济来源。

由此可见,倭马亚王朝人头税清楚地表明物质诱因在早期吸引人们改宗伊斯兰教所发挥的作用。物质和社会诱因非常有效地让整个社会在很短时间内改宗伊斯兰教,例如公元 750—900 年,波斯地区 80％的人改宗新的信仰,其中很多人都是迫于社会和经济压力。最近,也有学者认为早期改宗者主要来自特权贵族阶层和被压迫阶层,因为前者企图在新环境中继续维持他们的地位,后者则想利用这个机会改变他们的境遇。[2]

土地和财产税的作用虽没有那么直接,但在早期伊斯兰征服中也推动了人们改宗,例如在埃及,倭马亚王朝官员以不同比率征收财产税引起了很多阿拉伯移民和埃及人改宗伊斯兰教。同时,高额税收削弱了上层基督教人士和埃及基督教会的社会和经济地

93

---

[1] Daniel C. Dennett, *Conversion and the Poll Tax in Early Islam*, Cambridge, Mass. , 1950.

[2] Richard W. Bulliet, *Conversion to Islam in the Medieval Period*, Cambridge, Mass. , 1979; Bulliet, "Conversion Stories in Early Islam," in Michael Gervers and Ramiz Jibran Bikhazi ed. *Conversion and Continuity: Indigenous Christian Communities in Islamic Lands, Eighth to Eighteenth Centuries*, Toronto, 1990, pp. 123 - 133.

位。虽然没有直接强迫人们改宗,但倭马亚王朝的税收政策极大
地剥夺了埃及基督教会的经济来源。数个世纪之后,由于国家对
伊斯兰教的支持,埃及基督教会的影响逐渐减弱。随着经济来源
的减少和规模的缩小,埃及基督教会并没有吸引多少优秀的宗教
人士,也没能为埃及基督教徒提供多少宗教服务。同时,人们都选
择改宗伊斯兰教以维持或提高其经济和社会地位。[①] 但是,埃及基
督教会却并没有完全消失,时至今日仍然存在。可以说,埃及伊斯
兰教文明的形成是政治、社会和经济压力迫使人们改宗异域文化
传统的最好例证。

伊斯兰教早期,社会和物质诱因吸引了一些并未完全认可伊斯
兰教义和思想的人改宗。无论通过任何方式,整个社会长期的改
宗则体现了伊斯兰文明广泛的传播和融合。政治和宗教学校机构
都代表伊斯兰教利益,商人对伊斯兰教的普世价值观也尤为推崇,
在伊斯兰世界里形成了共同的文化以及各地密切的商业关系。在
94 之后几个世纪中,伊斯兰教圣徒和苏菲派(伊斯兰教中具有强烈情
感和精神色彩的神秘主义教派),通过鼓励虔诚地信奉伊斯兰教和
为伊斯兰教献身的精神,赋予伊斯兰教文明更多意义。苏菲派在
整个社会融入伊斯兰文明的过程中发挥了重要作用,苏菲派神秘
主义和灵活的教义很快成为各地融入伊斯兰教的桥梁;苏菲派还
在伊斯兰教基础上,融合了很多地区本土的传统价值观念和神灵,
而这些地区的人们对穆罕穆德并不了解。数世纪之后,这些地区
的朝圣者不远万里来到圣地麦加,第一次接触到了伊斯兰教传统。
早期改宗者无论是由于政治、法律、社会、经济,还是精神方面的动
机改宗,都为伊斯兰教文明的形成奠定了坚实基础。

在伊斯兰文明发展进程中,也遭遇了其他传统文化的激烈抵

---

① Ira M. Lapidus, "The Conversion of Egypt to Islam," in *Israel Oriental Studies* 2, 1972, pp. 248 - 262; Gladys Frantz-Murpy, "Conversion in Early Islamic Egypt: The Economy Factor," in Yusuf Ragib, ed. *Documents del'Islam medieval. Nouvelles perspective de recherché*, Cairo, 1991, pp. 11 - 17.

制。例如在马格里布,柏柏尔游牧民族为了保持独立,强烈抵制阿拉伯军队入侵。一般认为,在最终屈服于伊斯兰教之前,柏柏尔人先后12次叛教。即使柏柏尔人改宗伊斯兰教,也有所保留:他们所信仰的伊斯兰教保留了很多古怪的传统习俗,并在改宗之后数百年间还有很多人反对先知穆罕默德。公元12—13世纪,好战的穆瓦希德王朝想通过军事胁迫迫使柏柏尔人接受伊斯兰教传统,但并未见效,直到苏菲派的进入才导致了最终的改宗。[①]

　　处于游牧部落状态的柏柏尔人对早期伊斯兰教的政治和文化扩张,构成了严重威胁。很多定居民族也抵制伊斯兰教,其中波斯和西班牙就很典型,这两个地区对伊斯兰教扩张发起了强烈抵制。

　　伊斯兰教诞生不久就出现在波斯地区。公元652年(回历30年),最后一位萨珊波斯国王死后,穆斯林军队控制了波斯大部分地区。从公元8世纪起,波斯琐罗亚斯德教徒大批改宗伊斯兰教,其中很多人都是为了谋取权职、豁免人头税以及摆脱奴隶身份。一个在布哈拉的阿拉伯将军甚至为改宗者发放大量钱财。这些改宗者对伊斯兰教天堂、地狱、世界末日、灵魂审判等教义都非常熟悉,认为伊斯兰教并不陌生,而且具有强烈的吸引力,他们很轻易地就从琐罗亚斯德教改宗伊斯兰教。同时,公元750年阿拔斯王朝建立,推动了波斯社会的伊斯兰化进程。阿拔斯王朝重新恢复了萨珊波斯的荣耀,消除了人们对阿拉伯人的偏见,提高了伊斯兰教在波斯的地位,推动了人们改宗,而伊斯兰教什叶派的形成将传统波斯文化元素融合到伊斯兰教中,更是引起了波斯人强烈的兴趣。

　　但是,帕西人和摩尼教徒并不接受伊斯兰教。他们为了逃脱阿巴斯王朝在波斯的高压统治,躲避到偏远地区,继续保持自己的信仰。

95

① Alfred Bel, *La religion musulmane en Berbérie*, Paris, 1983; Tadaeusz Lewicki, "Prophères antimusulmans chez les berères médiévaux," in *Boletín de la associación española de orientalistas* 3, 1967, pp. 143 - 149; "Survivaces chez les berères médiévaux d'ère musulmane de cultes anciens et de croyances païennes," in *Folia orientalia* 8, 1967, pp. 5 - 40.

公元 10 世纪初,帕西人离开伊朗前往印度,定居于古吉拉特。他们接受印度服装和语言,继续坚持琐罗亚斯德教的信仰和宗教仪式,保持对火的崇敬和传统祭祀仪式。即便在面对印度社会的同化时,帕西人直到现在仍遵循琐罗亚斯德教传统,保持他们独特的文化。①

　　摩尼教徒长途迁徙的范围比帕西人更广。② 伊斯兰教出现之前,摩尼教就传播到中亚河中地区。伊斯兰教对波斯的征服刺激了摩尼教徒大规模移民。在中亚河中地区,摩尼教受到粟特商人的欢迎。粟特商人沿着丝绸之路将摩尼教传遍了中亚,甚至中国,摩尼教也成为散居的异域商人群体重要的宗教信仰之一。摩尼教最初在中国没有吸引多少中国人改宗,但却引起了很多回纥人改宗。公元 757 年,回纥人从安禄山叛军手中夺取洛阳之后,发现幸存者中有一些信奉摩尼教的粟特商人。经过与这些摩尼教徒漫长密切的交往之后,回纥可汗和他的军队改宗了摩尼教。可以说这是摩尼教历史上第一次也是唯一一次获得政治支持。

　　回纥统治者自愿改宗摩尼教。回纥人与无处不在的粟特人打交道,早就了解摩尼教。他们自然认为信仰摩尼教的粟特人能帮助他们打开更大的商业以及外交世界。公元 8—9 世纪期间,粟特文明对回纥文化和社会产生了深远影响。粟特人在回纥社会里担任大臣、外交官、谘议者和秘书等,在自己语言基础上为回纥人创制书写语言。可以说,大部分回纥人都接受了粟特人的摩尼教信仰。最终,最初处于游牧状态的回纥人,甚至建立了属于自己的城市。坐落于鄂尔浑河旁的喀拉巴格什可能是大草原上兴起的第一个真正意义上的城市,这座城市有一座巨大的城堡和十二道铁门,城内有热闹的市场和商业贸易,还有金属制造工、陶工、铁匠、

① Mary Boyce, *Zoroastrians: Their Religion Belifes and Practices*, London, 1979, pp. 145 - 176.

② 关于摩尼教的研究,详见 Sammuel N. C. Lieu, *Manichaeism in the Later Roman Empire and Medieval China: A Historical Survey*, Manchester, 1985;关于晚期摩尼教,详见 Otto Maenchen-Helfen, "Manichaeans in Siberia," in Walter J. Fischel, ed. *Semitic and Oriental Studies*, Berkeley, 1951, pp. 311 - 326。

雕刻工、钻瓦匠和织工等手工工匠。一条农业带围绕在城市周围，回纥人从中国得到大量丝绸让这个地方成为贸易路线中极为重要的一站。所以，粟特人的影响不仅是将摩尼教传入回纥，而且也对农业文明边界延伸到游牧勇士所主宰的大草原地区有所贡献。①

　　粟特商人及摩尼教的影响范围并不仅局限于回纥，摩尼教还传入到了中国。② 摩尼教在中国的存在主要是因为其灵活的教义思想。摩尼教徒信奉二元论，即光明与黑暗之间的争斗，以及道德伦理的禁欲主义。但最初的摩尼教徒就吸收了基督教、琐罗亚斯德教及其他教派教义为己所用。在中亚和中国传播时，摩尼教徒也以其他文化传统来表现他们的宗教认识。公元 7 世纪中期，中国高僧玄奘途经大夏时，听说这里有摩尼教群体，他们使用大量佛教术语，以致玄奘以为他们是佛教的一支。

　　大量摩尼教经文在敦煌藏经洞和壁画中保存下来。这些经文显示摩尼教徒在使用中亚和中国语言表达自己信仰时，运用了大量佛教术语。摩尼在欧亚大陆东部地区被称为"明尊"。在中国，摩尼更与道教创始人老子联系在一起。他们积极适应并乐于接受中国传统，这使摩尼教徒在东亚保持他们的文化和群体长达八百多年之久。尽管佛教的流行带来了很大挑战，但摩尼教最终还是吸引了很多中国人改宗。公元 9 世纪唐武宗灭佛之后，中国摩尼教徒与其他地区失去联系，摩尼教徒被驱逐，甚至被处死。

　　尽管如此，公元 9—16 世纪，中国南部城市福建泉州（马可·波罗称之为刺桐城）热闹的商业区内还存在大量摩尼教群体。为了躲避宗教迫害，摩尼教群体严格遵守律法，小心翼翼地坚守中国的

97

----

① 关于回纥文化，详见 Mackerras, *The Uighur Empire*；Thomas J. Barfield, *The Perilous frontier: Nomadic Empires and China*, Cambridge, Mass. , 1989, pp. 175 - 182；关于喀拉巴格什城市，详见 V. Minorsky, "Tamim Ibn Bahr's Journey to the Uighurs," in *Bulletin of the School of Oriental and African Studies* 12,1948, pp. 275 - 305。

② Sammuel N. C. Lieu, *Manichaeism in the Later Roman Empire and Medieval China: A Historical Survey*, pp. 178 - 264.

生活方式,最终被道教同化。泉州摩尼教徒在道观中参拜,其经文正式认可道教教义。但是,久而久之,官方迫害和不断同化最终破坏了中国唯一的摩尼教群体,最终佛教徒占据了泉州摩尼教圣地,虔诚的摩尼教徒被同化、改宗了佛教和道教。

摩尼教灵活的教义让其能够在文化边界以外地区,吸引异域文化传统的人改宗,同时还融合了很多其他宗教和文化传统的因素。但是在中国,由于摩尼教人数太少,无法承受猛烈的宗教迫害。公元 16 世纪末,明朝极力打击摩尼教群体,泉州摩尼教徒从历史上消失,彻底地淹没在中国的社会和文化中。

当帕西人和坚定的摩尼教徒面对伊斯兰教的挑战选择逃避之时,西班牙基督教徒则采取了更直接的对抗方式。伊斯兰军队征服西班牙的军事活动并不十分猛烈,因为对伊比利亚人来说,穆斯林征服者是把他们从西哥特人的统治中解放出来。很多城市都自愿降服,以他们的忠诚换取地方自治和军事保护。只有少数地区被强迫改宗,而且伊斯兰征服者允许基督教徒保持他们的宗教习俗。实际上,在征服之后的几十年间,人数很少的穆斯林几乎被大量基督教徒包围。但是公元 1000 年,西班牙西北部阿斯图里亚斯的大多数农民改宗了伊斯兰教。基督教群体在伊斯兰统治下的西班牙,一直幸存到公元 12 世纪。臣服于科尔多瓦哈里发的基督教徒被称为"莫扎勒布"(Mozarabes),他们拒绝被伊斯兰教同化,并不时对穆斯林统治者发起武装袭击。直到柏柏尔人阿尔摩拉维德(Almoravids,公元 1086 年)和阿尔摩哈德(Almohads,公元 1146年)的征服才让莫扎勒布势力从西班牙彻底消失。

公元 9 世纪,一群狂热的莫扎勒布以极端殉教的方式抵制穆斯林统治,极大地干扰了基督教和穆斯林群体的生活。[①] 事件起因于

---

① 关于科尔多瓦殉教者,详见 Norman Daniel, *The Arabs and Mediaeval Europe*, 2nd ed, London, 1979, pp. 23 - 48; Kenneth Baxter, *Christian Martyrs in Muslim Spain*, Cambridge, 1988; Jessica A. Coope, "Religious and Culture Conversion to Islam in Ninth-Century Umayyad Córdoba," in *Journal of World History*, 4, 1993。

公元 850 年，一群人在科尔多瓦市场里怂恿基督教修道士蒲尔菲特斯（Perfectus）公开指责穆罕默德，最终他被处死。不久，科尔多瓦及周边地区很多虔诚的基督教徒蓄意公开地与穆斯林当权者对立，谴责伊斯兰教并侮辱先知。在十年间，至少有 48 名基督教徒自愿以这种方式殉教。

　　这种蓄意的殉教并没有给伊斯兰西班牙社会带来多大破坏，但却反映了跨文化交流引起的紧张氛围。其中一些殉道者是罗马和西哥特统治阶层的后裔，他们无疑在政治、社会和宗教方面对穆斯林充满厌恶；另外一些殉道者则来自基督教和穆斯林结合的家庭。有证据显示，个人和家庭紧张的气氛会影响殉道者的决策和行为。无论殉道者出于何种动机，穆斯林当权者担心的是过分严厉的惩罚会激起他们更猛烈的反抗，甚至更严重的叛乱。另一方面，相对温和的基督教徒担心他们同胞狂热的行为会让整个基督教群体遭到迫害。科尔多瓦教堂以及这些基督教徒的首要任务，就是努力劝阻殉道者，让局势逐渐缓和下来。

　　然而，殉道者的行为却获得了同情。教士欧洛吉亚（Eulogius，后成为科尔多瓦主教）记载了殉道者的故事。尽管他并不鼓励或煽动更多基督教徒参与殉道，但却为他们的狂热行为辩护。保罗斯·阿尔瓦兹（Paulus Alvarus）更是谴责认可或与穆斯林合作的基督教徒，呼吁所有基督教徒公开表明宗教立场。在他们的记载和与基督教徒私下交谈中，欧洛吉亚和阿尔瓦兹恶毒攻击穆罕默德是没有道德的恶魔，伊斯兰教是不虔诚的信仰。

　　在政治、社会、个人和宗教等因素综合作用下，狂热的基督教徒掀起了反抗伊斯兰教新建立的统治秩序的活动，甚至不惜采取殉教的方式。他们这种极端的行为对少数统治者穆斯林和被统治的多数基督教徒而言都是一种挑战。这种文化冲突的长期影响就是开始了西方基督教徒反穆斯林的传统，引起了基督教徒和穆斯林长达千年之久的冲突。跨文化交流不仅引起文化扩张，以及对新信仰和价值观念的改宗，同样也产生了紧张的社会气氛。除了公元 9 世纪科尔多瓦以外，这种现象还出现在很多地区。

四、基督教传教士在东西方的传教

君士坦丁及其继任者推动了基督教在罗马帝国的确立，但并没有想到基督教能渗透到整个社会，成为西方文化的主宰。罗马帝国的瓦解和日耳曼人的入侵极大地打击了作为一种重要文化力量的基督教。比起罗马皇帝和主教们信奉的大公教，受日耳曼人欢迎的阿里乌斯派更为流行。

其他地方的吸引了众多追随者的宗教和文化传统一样，基督教取得成功的主要原因在于其融合性——它有着为外邦传统施洗的意愿，并在基督教基本框架内留有一席之地。但罗马天主教得以幸存并最终成为西方文化主宰，主要是因为强烈的权力欲望和基督教组织机构的建立，以及教皇与北部日耳曼统治者结盟为罗马教会带来的政治和军事支持。天主教在欧洲的成功，以及聂斯托里派基督教在亚洲的失败都源于此——由各种压力引起的宗教融合和改宗双重进程，让基督教成为欧洲的主要宗教文化，但基督教在亚洲从没有获得国家或皇帝的支持，无法保持其群体特性，最终被当地文化传统同化。下面我们将考察天主教在西欧和北欧的传播，并对比分析聂斯托里派基督教在中亚和中国的经历。

在世界大多数地方，商人都扮演着文化信使的角色。中世纪早期的欧洲，传教士大多来自修道院。① 其中最具代表性的是公元5—6世纪的凯尔特修道士，他们在爱尔兰、威尔士、康沃尔和布列塔尼传教，形成了新的基督教群体。其中有些人不畏艰险，来到英格兰北部和苏格兰，还有人向南到达高卢、瑞士和意大利等地。凯尔特传教士不受罗马教会和主教管理，独立于它们之外。他们与罗马天主教徒的区别在于更强调禁欲主义、较宽松的制度以及确定复活节的方法等。凯尔特传教士备受欢迎，虔诚地传教，让他们

---

① Eleanor Duckett, *The Wandering Studies of the Early Middle Ages*, New York, 1964.

在罗马教会未能深入的地区发展了很多基督教徒,成为一股颇具影响力的宗教文化力量。

然而,公元 6 世纪之后,罗马教会在欧洲发起文化倡议。教皇格里高利一世(Gregory I,公元 590—604 年),有时称为大贵格利(Gregory the Great),颇具才干,将基督教塑造成为强有力的文化统治工具。格里高利一世重新调整了罗马天主教的制度,与威胁罗马教会的法兰克人、伦巴底人、西哥特人以及其他日耳曼民族建立联系。随着基督教的传播,他面临的最重要任务就是将英格兰地区基督教化。公元 596 年,他委派坎特伯雷的圣奥古斯丁(St. Augustine)率领一组四十人的传教士前往英格兰。他们迅速赢得了肯特的埃塞尔伯特(Ethelbert)国王的改宗和支持,这位国王帮助他们在英格兰南部建立了教堂、修道院和主教教堂。罗马基督教在这里建立了严密的组织和制度,再加上埃塞尔伯特国王及其继任者的支持,极大地排挤了凯尔特基督教。公元 7 世纪中期,为了避免无谓的竞争,英国教会必须在罗马教会和凯尔特基督教会中做出选择。公元 664 年惠特比宗教会议上,英国教士选择了罗马 102教会,凯尔特基督教会不断衰落,最终彻底消失。格里高利一世教皇的权力不断扩大,掌握强有力的权力和文化影响,有效地组织大量教士传教,并与周围地区建立宗教联盟。

除了重新恢复其领导力之外,罗马教会与日耳曼统治者的联盟也加速了基督教在欧洲的传播。罗马教会并没有从日耳曼改宗者身上获利,例如公元 4 世纪末开始,西哥特人逐渐转向被罗马人视为异端的阿里乌斯派。实际上,现在看来,他们以不同形式改宗基督教,都代表着西哥特人被晚期罗马帝国的社会和文化所同化;[1]但是,罗马教会不这么看,因为它一直渴望维持教会的纯洁性。

对罗马教会更为重要、也更有用的是法兰克人。很多法兰克人从公元 3 世纪就开始生活在罗马帝国,并很有可能改宗基督教。但是,直到克洛维改宗之后,法兰克人才真正倾向于基督教。克洛

---

[1] E. A. Thompson, *The Visigoths in the Time of Ulfila*, Oxford, 1966.

维出于个人和政治原因改宗基督教。[①] 他的妻子克洛蒂尔达（Clotilda）是罗马天主教徒，经常劝说克洛维斯接受她的信仰。然而，真正的转折点是在公元 496 年克洛维击败了阿勒曼尼人（Alamamnni），将这场胜利归功于基督教上帝的干预之后。他在公元 508 年，击败阿勒曼尼人十二年之后，接受洗礼，与大批法兰克人一起改宗罗马天主教。

　　法兰克统治者加入罗马教会之后，开始通过政治施压迫使北欧地区改宗基督教。王室支持传教士和修道士将基督教教义传到法兰克乡村地区。他们鄙视异教习俗和信仰，积极宣扬基督教上帝优于异教神灵，并有着丰富的思想，攻击异教徒的德行，以更严格的律法来规范人们的行为；他们还拆毁异教徒的祭祀场所和圣坛，建立基督教教堂和修道院。[②]

　　法兰克人改宗基督教的重要作用在查理曼大帝（公元 768—814 年）统治时期表现得更为明显，其中很多举措不仅使罗马教会得以幸存，还让其在异教徒的土地上真正确立起来。查理曼大帝多次保护罗马教皇不受伦巴底人和其他日耳曼民族威胁，并支持教育，让教士能够更好地从事宗教工作。对查理曼来说，最重要的或许是他历经三十多年，实现了对萨克森的占领和统治。但是，无论是查理曼大帝还是他对手都清楚地认识到，宗教是引起他们冲突的一个主要原因。威德金特（Widukind），一位强有力的萨克森首领，就图谋颠覆法兰克政权，摧毁基督教教堂，驱逐传教士并恢复异教传统。除了建立要塞和领导军队镇压叛乱以外，查理曼大

[①] 关于法兰克人改宗基督教，详见 Edward James, *The Franks*, Oxford, 1988, pp. 121 - 161; Gregory of Tours, *History of the Franks*, trans. E. Brehaut, New York, 1916, vol. 2, pp. 27 - 31, pp. 36 - 41; James, *The Franks*, pp. 121 - 123。

[②] C. E. Stancliffe, "From Town to Country: The Christianizaton of the Touraine, 370 - 600," in *Studies in Church History* 16, 1979, pp. 43 - 59; Paul Fouracre, "The work of Audoneus of Rouen and Eligius of Noyon in Extending Episcopal Influence from the Town to the Country in Seventh Century Neustria," in *Studies in Church History* 16, 1979, pp. 77 - 91; Johannes Geffcken, *The Last Days of Greco-Roman Paganism*, trans. S. MacCormack, Amsterdam, 1978, pp. 223 - 280.

帝还以宗教作为思想武器,抵抗萨克森异教徒。在稍占优势的公元 785 年,他迫使威德金特和其他重要的萨克森人士接受洗礼,并在他们的土地上施行极为严苛的法令,那些强行进入教堂、大斋戒期间违法、杀死主教或牧师、以异教徒方式烧毁尸体、拒绝洗礼、密谋反对基督教或违背法兰克国王的人都被处以死刑。查理曼大帝的措施并未立竿见影地使萨克森人改宗基督教,但却保证了罗马教会的安全,为萨克森长期基督教化创造了条件。[①]

查理曼大帝在萨克森的遭遇,显示了基督教传教士跨越文化边界传播基督教所面临的强烈抵制。萨克森地区对基督教的抵制不仅是政治冲突,而且是文化冲突。即使在法兰克王国中心地区,对基督教文化的抵制也持续了很长时间,例如公元 7 世纪中期,努瓦永主教圣安利格斯(St. Eligius)在其主教辖区狂热地反对异教徒的醉态和舞蹈。他的自传中清晰地记载了异教徒对基督教的不满:"你们罗马人,尽管总是挑衅我们,但无法改变我们的习惯。我们将像以往一样保持我们的宗教文化仪式,并将永远继续下去。没有谁能阻止我们自古以来传承下来的各种活动。"经过修道士和传教士几十年的努力之后,法兰克地区才真正实现基督教化。[②]

在整个欧洲地区,如果传教士选择尊重当地传统文化,并以基督教为基础进行宗教文化融合时,那么社会改宗基督教的进程会更为有效。早期基督教徒在某种程度上总是运用宗教融合的政策。为了缩小异教徒文化与基督教文化之间的差异,他们赋予异教徒节日和英雄以基督教含义,并将异教节日纳入基督教节日之

① Friedrich Heer, *Charlemagne and His World*, New York, 1975, pp. 119 - 136; Louis Halphen, *Charlemange and the Carolingian Empire*, trans. G. de Nie, Amsterdam, 1977, pp. 47 - 51.

② Paul Fouracre, "The work of Audoneus of Rouen and Eligius of Noyon in Extending Episcopal Influence from the Town to the Country in Seventh Century Neustria," in *Studies in Church History* 16,1979, p. 82;关于法兰克人的改宗,详见 James, *The Franks*, pp. 124 - 161。

中,尊奉异教英雄为圣徒。同样,后来的传教士也以同样的方式为异教徒洗礼,改变生育和健康等方面的习俗,在被异教认为是圣地和具有特殊文化含义的地方建立教堂和圣坛,将基督教圣徒的美德和能力与异教尊奉的英雄联系起来。在一封著名的信件中,教皇格里高利一世指点他派往英格兰传教的圣奥古斯丁说,在一篇著名信件中提到——

　　摧毁的不是他们的圣地,而是他们心中的神灵。将圣水洒向圣坛,并在上面建立祭坛放置圣骨。这才是上帝为他们带来的真正福祉。当他们看到圣坛依旧完好,就会前去膜拜。只不过现在才是对上帝的真正认可和崇拜。[1]

宗教融合的方式有助于异教文化与基督教文化建立联系,减少改宗的困难。随着教皇权力的增大和新改宗基督教国王的支持,罗马天主教徒以宗教融合的方式,将基督教传播到欧洲每一个角落。而长期以来,聂斯托里派基督教徒不仅没有一个良好的组织,而且缺少政治支持。聂斯托里派基督教传播到了美索不达米亚、波斯、中亚,甚至中国。虽然,伊斯兰教在公元7世纪的扩张,极大地冲击了聂斯托里派基督教的发展,使其人数大减,但聂斯托里派基督教徒在美索不达米亚和波斯还是存在了上千年之久。中亚和中国的聂斯托里派教徒的经历更为曲折,他们甚至丧失了基督教

---

[1] 关于早期基督教徒与异教传统的融合,详见 Geffcken, *The Last Days of Greco-Roman Paganism*, pp. 281 - 304。关于这一时期的状况,详见 Valerie I. J. Flint, *The Rise of Magic in Early Medieval Europe*, Princeton, 1991; Karen L. Jolly, "Anglo-Saxon Charms in the Context of a Christian World View," in *Journal of Medieval History* 11, 1985, pp. 279 - 293; "Magic, Miracle, and Popular practice in the early Medieval West: Anglo-Saxon England," in Jacob Neusner, E. S. Frerichs, and Paul V. M. Flesher ed. *Religion, Science, and Magic in Concert and in Conflict*, New York, 1989, pp. 166 - 182。关于教皇格里高利一世的政策,详见 Bede, *Bede's Ecclesiastical History of the English People*, ed. B. Colgrave and R. A. B. Mynors, Oxford, 1969, pp. 106 - 109。

特点,断绝了与其他基督教群体的联系,并遗忘了很多基督教教义。最终,他们改宗了佛教、道教和伊斯兰教,被完全同化。聂斯托里派基督教徒的经历与罗马天主教徒完全不一样,对比两者有助于我们理解跨文化交流的动力。

聂斯托里派基督教义源于公元 4 世纪末—5 世纪初基督教的论辩中。在与阿里乌斯派和早期其他基督教异教组织对教义的争辩中,君士坦丁堡主教聂斯托里(Nestorius)提出两种截然不同的本质——神性和人性——同时存在于耶稣身上。聂斯托里傲慢自大、难以相处,树敌太多,所以很多人都攻击他的教义。其中一些人认为聂斯托里过分强调基督的人性,也有人认为人性和神性的分置暗示基督的两个信仰。公元 430 年,教皇塞莱斯廷(Celestine)将聂斯托里开除教籍。公元 431 年以弗所宗教会议将其免职,放逐到修道院。然而,聂斯托里的思想留存下来,并在两个世纪后盛行于欧亚大陆东部地区。公元 5 世纪末,聂斯托里派基督教徒在美索不达米亚和波斯得到稳固发展。他们对拜占庭和罗马教会极为不满,但却因此而得到了早先到达这里的基督教群体的欢迎,推动了聂斯托里派基督教的发展。而萨珊波斯王朝支持官方认可的琐罗亚斯德教,对聂斯托里派基督教和摩尼教大肆迫害。在中东,伊斯兰教的到来使聂斯托里派基督教更无立锥之地。虽然,伊斯兰统治者允许聂斯托里派基督教徒保持自己的信仰,阿拔斯王朝的哈里发也让一名聂斯托里派主教在监视下管理巴格达教堂,但沉重的税收削弱了聂斯托里派教会的社会经济基础,大多数聂斯托里派基督教徒最终改宗伊斯兰教。[①]

同时,聂斯托里派基督教也开始向东方传播。聂斯托里派基督教商人不仅在美索不达米业、波斯从事贸易,还远至印度、锡兰、中亚和中国经商。伊斯兰教早期,美索不达米亚和波斯的教堂已经消失,中亚和中国的聂斯托里派基督教徒与主教和其他宗教人

106

---

① J. P. Asmussen, "Christians in Iran," in *Cambridge History of Iran*, Cambridge, 1983, vol. 3, no. 2, pp. 924 - 948.

士仅保持零星的联系。聂斯托里派基督教在亚洲仅获得了有限的政治支持，所以在亚洲的根基也极不稳定。虽然，他们也想与欧洲罗马天主教传教士一样选择宗教融合，但由于人数有限、缺乏政治支持，并没有吸引多少当地人改宗。相反，聂斯托里派基督徒被亚洲的宗教传统融合、同化，并最终改宗。敦煌藏经阁和壁画保存了很多文物资料表明聂斯托里派基督教群体在中亚和中国的经历。①

　　最晚大约于公元 7 世纪初，聂斯托里派基督教进入中国。第一位聂斯托里派基督教徒是传教士阿罗本（Alopen），他来到长安，在公元 635 年拜见了唐太宗。阿罗本带来的基督教经文及其他著作被翻译成中文。唐太宗亲自审阅，大加赞许，在著名的公元 638 年诏书中指出——

　　　　道无常名，圣无常体。随方设教，密济众生。大秦国大德
　　　阿罗本，远将经像来献上京。许其教旨，玄妙无为；观其元宗，
107　　生成立要。词无繁说，理有忘筌。济物利人，宜行天下。②

　　尽管遭到佛教和道教的反对，公元 638 年聂斯托里派基督教徒仍在长安义宁坊造波斯寺（后改称大秦寺），当时教徒只有 21 人。③中国早期聂斯托里派基督教徒传授的仅是被认可的基督教教义。公元 7 世纪中期，在中国传布的基督教故事和教义都出自阿罗本

---

① 关于中亚的聂斯托里派基督教，详见 G. W. Houston, "An Overview of Nestorians in Inner Aisa," in *Central Asiatic journal*, 24, 1980; A. Mingana, "The Early Spread of Christianity in Central Asia and the Far East: A New Document," in *Bulletin of the John Rylands Library* 9, 1925, pp. 297 - 371。关于聂斯托里派基督教英文文献的译本，详见 A. C. Moule, *Christian in China before the Year 1550*, London, 1930; P. Y. Saeki, *The Nestorian Documents and Relics in China*, 2nd ed. Tokyo, 1951。其中 P. Y. 佐伯好郎（P. Y. Saeki）收集了一些莫尔（A. C. Moule）书中没有的文献，这两本著作都收集了较为完整的资料。

② 参见王溥，《唐会要》卷 49，北京：中华书局，1955 年，第 864 页。——译注

③ P. Y. Saeki, *The Nestorian Documents and Relics in China*, pp. 57 - 58; A. C. Moule, *Christian in China before the Year 1550*, p. 65.

之手。例如《序听迷诗所经》叙述了耶稣的生平、学说和死亡,《一神论》和《一天论》强调了基督教上帝造就世间万物,《世尊布施论》诠释义了耶稣的登山宝训。聂斯托里派基督教徒所信奉的基督教还清晰地记载在公元781年坐落于长安的一座有名的聂斯托里纪念碑的碑文上,即《大秦景教流行中国碑》。碑文的开篇就提到圣父、圣子、圣灵三位一体,撒旦将邪恶带到世界上。耶稣来到人间成为人类的救世主,他完美无缺,摧毁了撒旦,开启了人类的救赎,之后回到了天堂。基督教徒平等布道、施行禁欲主义,宣扬神性。①

与佛教、摩尼教不同,聂斯托里派基督教从未成为社会的主导群体。聂斯托里派基督教徒没能吸引更多亚洲人改宗的原因,在于其难以理解的语言和术语。佛教在进入中国时借用了大量道教和儒家术语,而摩尼教则熟练地运用了佛教和道教术语。虽然,聂斯托里派基督教也在教义中使用了佛教和道教术语,但却极为教条,充满基督教色彩,很难找到合适的术语来表达其教义和思想。聂斯托里派教基督教徒将其教义称成为佛教的"经文",以"佛陀"、"梵天"代替"圣徒"、"天使"。在其他方面,早期聂斯托里派基督教徒并没有设法迎合亚洲人的趣味。摩尼教徒将摩尼解释为"光尊",在梵语和汉语中都能够引起共鸣;相比而言,聂斯托里派教基督教徒使用那些

108

图5 《大秦景教流行中国碑》②

---

① P. Y. Saeki, *The Nestorian Documents and Relics in China*, pp. 57 - 58; A. C. Moule, *Christian in China before the Year 1550*, pp. 57 - 64, pp. 53 - 77; Ibid., pp. 34 - 52.
②《大秦景教流行中国碑》,现存西安碑林博物馆,此图为译者所加。——译注

极为别扭和未经修饰的词汇,比如将耶稣的名字音译为"移鼠",意为"跑动中的老鼠",①而且他们坚持强调基督肉体的存在和个人肉体的复活。亚洲人认为这些说法非常怪异,对此毫无兴致。②

聂斯里派基督教徒还面临着政治迫害,遑论吸引亚洲人改宗了。公元9世纪,唐武宗灭佛,聂斯里派基督教与佛教、摩尼教和琐罗亚斯德教一同被禁止。公元845年,国家勒令将3000名琐罗亚斯德教徒和聂斯里派基督教徒逐出修道院,令其还俗,不准介入和干涉中原王朝的生活和习俗。③这项政策虽没有发挥立竿见影的效果,但也颇具效力。公元10世纪末,波斯百科全书式的学者那底姆(Al-Nadim)详细地记载了这项政策。他还记载了一名聂斯里派基督教修道士从巴格达到中国传教,目睹了教堂所发生的一切。修道士回来之后声称:"那些曾经在中国的基督教徒都消失或死亡了,整个国家只有一个基督教徒活着。"④

只有一处聂斯里派基督教遗迹从唐朝宗教迫害中幸存了下来,我将在下章详细讲述聂斯里派基督教在公元13—14世纪期间在中国第二次成功的传教活动。公元10—13世纪期间,聂斯里派基督教徒很可能离开中国或是被佛教、道教群体同化。尽管没有取得很好的效果,聂斯里派基督教徒在一定程度上还是愿意借用佛教或道教术语表达基督教教义,适应中国人的文化氛围,推动中国人接受异域信仰和价值观念。一份公元8世纪的文献清晰地表明了聂斯里派基督教徒对其他文化传统的尊重,也愿意适应、采纳其他文化传统的价值观念。

---

① Samuel N. C. Lieu, *The Religions of Light*: *An Introduction to the History of Manicheism in China*, Hong kong, 1979, p. 22.

② KlimKeit, "Christians, Buddhist and Manichaeans," "Christian-Buddhist Encounter in Medieval Central Asia," in G. W. Houston, ed. *The Cross and the Lotus*, Delhi, 1985, pp. 9 - 24.

③ P. Y. Saeki, *The Nestorian Documents and Relics in China*, pp. 471 - 473; A. C. Moule, *Christian in China before the Yea 1550*, p. 10.

④ Al-Nadim, *The Fihrist of al-Nadim*: *A Tenth-Century Survey of Muslim Culture*, trans. B. Dodge, 2vols, New York, 1970, vol. 2, pp. 836 - 837.

这则文献是关于景净①(公元 8 世纪初[原文如些——译注]波斯传教士,长安聂斯托里派基督教会主教)的《志玄安乐经》。《志玄安乐经》描述了耶稣给西门彼得(Simon Peter)和其他门徒的传教,而这些教义带有明显的道家思想。根据经文中耶稣所述,要达到宁静和快乐,就必须清静无为、无欲无求。这样会让人变得纯净、安详,是彻悟和通融的前提。很多聂斯托里派基督教教义中都提到四种重要的思想观念,即无欲、无为、清净、崇尚自然。这则经文虽然没有提供被中国人认可的基督教教义,但却表现了老子的道德和伦理观念。甚至在文中,通过耶稣脸上的十条皱纹,就将其与中国古代圣人联系在一起,将耶稣比作老子。② 通过这则经文,我们不难理解中国聂斯托里派基督教徒缘何在同化过程中,改宗了道教。

五、文化、宗教和文明的传播

公元 600—1000 年,推动跨文化交流的两个主要动力是长途贸易和帝国扩张。跨越中亚大草原和南海商人的数量大为增加,文化传统较之以前传播得更为广泛。印度教和佛教传播说明了宗教和价值观念随贸易路线传播。同时,中国重新统一和伊斯兰帝国的建立极大地促进了不同文化传统民族之间的交流;欧亚大陆西部也经历着同样的发展——尽管范围较小,法兰克和其他日耳曼民族迅速填补了罗马帝国瓦解后的政治真空。此时,帝国建立者以文化作为政治工具,迫使被统治民族接受。更为普遍的是政治、社会和经济综合作用导致被统治民族逐渐接受新的文化传统,征服者不必使用武力强迫他们改宗。

需要特别强调的是,公元 600—1000 年的"黑暗时期"见证了

---

① 唐代贞观九年(635 年),景净随着阿罗本率领的聂斯托里派传教团从波斯抵达唐朝首都长安。景净是"真正中国景教的最高领袖……他是司铎兼省主教并中国总监督",详见朱谦之著:《中国景教》,北京:人民出版社,1993,第 153—154 页,158 页。作者在此将其称为西里亚库斯(Cyriacus)。——译注

② P. Y. Saeki, *The Nestorian Documents and Relics in China*, pp. 281 - 311.

比之前任何时期都频繁的政治和帝国扩张、商业和文化交流。扩张和交流自然导致知识、技术、宗教信仰、价值观，乃至文明的传播。[1] 跨文化交流极大地推动了这些方面的发展。但是，并不是所有的文化扩张都取得了成功，其中有很多由于缺乏政治、社会或经济支持无法长期存在，还有一些遭遇到本土传统的强烈抵制，无法在文化边界以外地区长期存在。除此之外，文化扩张并不是全都代替了原有的文化传统。新的宗教信仰和价值观念在跨越文化边界之后，必须有所调整，与当地的政治、社会、经济以及不同文化传统的民族相互适应。因此，当出现大规模的跨文化改宗时，总伴随着文化融合现象的发生，而不是整个文化发生转型或以另外一种文化标准对该地区的民族进行改造。可以说，公元 600 年—1000 年的跨文化交流产生了深远影响，其影响历经漫长岁月仍依稀可见，甚至持续到了今天。

---

[1] Beckwith，*The Tibetan Empire in Central Asia*，pp. 173 - 196.

第四章 游牧帝国时期

> 洎于世祖皇帝,四海为家。声教渐被,无此疆彼界。朔南名利
> 之相往来。抵千里者,如在户庭,之万里者,如出邻家。于是西域
> 之仕于中朝学于南夏,乐于江湖而忘乡国者众。岁久家成,日暮途
> 远。尚何屑首丘之义乎。乌呼,一视同仁,未有盛于今日也。
>
> ——《元西域人华化考·王礼麟原集卷六》①

公元 1000—1350 年,没有类似丝绸之路早期被开辟的新的贸
易路线。古典时代,中国和罗马帝国瓦解之后,突厥及其他游牧民
族重新建立了跨越中亚的联系,商人从未终止在这条贸易路线上
的活动。公元 11 世纪早期—14 世纪中期,是跨文化交流历史中有
证可考、极为特别的时期。这一时期,虽然没有出现新的交流道
路,旧道路也尚未全面复兴,但同样发生了密集的跨文化交流。其
中公元 12—13 世纪是欧亚非地区(即东半球地区)在近代之前,交
流最为密集的时期。② 密集的交流推动了跨文化交流的进程,为历
史和文化发展带来了深远影响。

---

① 引文详见陈垣,《元西域人华化考·王礼麟原集卷六》,上海:世界书局印行,1962
年,第 215 页;另作者在此将王礼麟译为 Wang Li,下同。——译注

② Janet L. Abu-Lughod, *Before European Hegemony: The World System*, A. D.
1250-1350, New York, 1989; Philip D. Curtin, *Cross-Cultural Trade in World
History*, New York, 1984; K. N. Chaudhuri, *Trade and Civilization in the Indian
Ocean: An Economic History from the Rise of Islam to 1750*, Cambridge, 1985;
*Asia Before Europe: Economy and Civilization of the Indian Ocean from the Rise
of Islam to 1750*, Cambridge, 1990.

密集的交流让人们发起了前所未有的长途旅行。我们将在这一章中提到许多长途旅行者的踪迹,其中两位旅行者对于理解这一时期跨文化交流极为重要。第一位是陪同他父亲和叔叔到中国进行商业活动的马可·波罗(Marco Polo)。公元1271年,马可·波罗离开威尼斯,经过美索不达米亚、波斯和突厥,公元1275年到达忽必烈宫廷。他们在中国一直待到公元1292年,同年从泉州港起航,经过苏门答腊、锡兰、印度、阿拉伯和小亚细亚于公元1295年返回威尼斯(见图6:马可·波罗行程路线)。

图6 马可·波罗行程路线①

第二位是摩洛哥人伊本·白图泰(Ibn Battuta)。伊本·白图泰于公元1325年离开家乡丹吉尔前往麦加朝圣,之后继续前往到美索不达米亚、波斯、印度、马尔代夫岛屿、锡兰和中国等地。公元1346年,伊本·白图泰离开中国,经过印度、波斯湾、叙利亚和埃及返回摩洛哥,并于公元1349年到达非斯(Fez)。第二年(公元1350年),他在格拉纳尔王国进行了一次短暂的旅行,公元1351年穿越撒哈拉沙漠对马里王国进行了长达两年之久访问。最近,

---

① 地图来源:张芝联,《世界历史地图集》,第73页。——译注

学者估算伊本·白图泰所到之处相当于现代 44 个国家,行走了大约 73000 英里。每当谈及旅行者中虔诚的圣徒阿卜杜拉·艾尔·马斯里(Abdallah al-Misri)酋长之时,伊本·白图泰总是引以为豪地说道:"他的行程虽遍及各地,但他从未到达中国、锡兰岛、马格里布、安达卢斯(al-Andalus,即格拉纳尔王国)和马里(黑人居住地,Negrolands),而我到达了这些地区,远远超越了他。"[①](见图7:伊本·白图泰行程路线)。

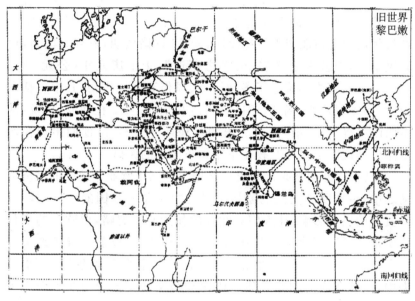

图7　伊本·白图泰行程路线[②]

三种特别的发展促进了这一时期东半球各地的密集交流。首　　115

---

① Marco Polo, *The Book of Ser Marco Polo*, 3d ed. Henry Yule and Henry Cordier, 2 vols, London, 1929; Ibn Battuta, *The Travels of Ibn Battuta*, A. D. 1325 - 1345, trans. H. A. R. Gibb, 3 vols. to date, Cambridge, 1956 - 1971. 关于伊本·白图泰旅行最近的研究,详见 Ross E. Dunn, *The Adventures of Ibn Battuta*, Berleley, 1989, p. 3。

② 地图来源:马金鹏译,《伊本·白图泰游记》,银川:宁夏人民出版社,1985 年,第619 页。——译注

先是游牧民族建立了跨地区的大帝国,例如塞尔柱突厥人在公元11世纪建立的从中东和波斯的安纳托利亚延伸至中亚的帝国、蒙古人在公元13世纪建立的从东部满洲、朝鲜和中国延伸到西部俄罗斯和多瑙河的人类历史上最大的帝国等。这些帝国,尤其是蒙古帝国,确保了和平的环境和道路的安全,推动了贸易、外交、传教等长途旅行活动快速增长。

第二,欧亚大陆航海者不断开拓印度洋海路,快速发展的海上长途贸易推动了密集的交流。公元11世纪起,中国商人开始有规律地航行到印度,甚至到达东非港口。公元13世纪中期,南宋时在泉州任福建市舶司提举赵汝适,善于"询诸贾胡,卑列其国名,道其风土,与夫道里之联属,山泽之蕃产",于宝庆元年(公元1225年)著书《诸蕃志》,描述了各地民族、风俗和异域作物,其中包括东南亚、印度尼西亚、锡兰、印度、阿拉伯、东非、安纳托利亚、埃及,甚至西西里等。[①] 此时,尤为突出的是穆斯林贸易者,他们出现在印度洋更是说明了伊斯兰教在东非和东南亚的传播。

最后,欧洲的复兴让其更直接地参与到了欧亚非地区的经济活动之中,也推动了交流的激增。只是由于蒙古帝国的建立和印度洋贸易的巨大影响,让人们对欧洲的作用有所忽略,但欧洲的变化确实推动了欧亚大陆的长途贸易,并让欧洲比以前更直接地参与到了欧亚大陆的政治和经济之中。在这一章所考察的这一历史时期中,欧洲在推动欧亚大陆一体化和跨文化交流中扮演了极为重要的角色,欧洲经济和政治发展也为早期近代欧洲影响的扩大奠定了基础。

一、新时期的伊斯兰教扩张

在跨文化相遇和交流急速加快的进程中,伊斯兰教比其他文化

---

① Zhao Rugua, *Chu-fan-Chi*, trans. F. Hirth and W. Rockhill, New York, 1966。(关于赵汝适的记载,详见(宋)赵汝适著,杨博文校释,《诸蕃志校释》,北京:中华书局,1996年11月。——译注)

传统更为受益。公元 1000—1350 年,两股重要的力量推动了伊斯
兰教的扩张——首先是突厥人发起的一系列征服运动,这些征服巩
固了印度和安纳托利亚的伊斯兰教;其次是复杂的商业网络,使穆
斯林贸易者将伊斯兰教传入到印度、东南亚、东非和西非等地,吸
引了很多人自愿改宗。我们将主要考察军事征服和贸易活动对伊
斯兰教信仰和文明传播的推动作用。

公元 10 世纪末期,伊斯兰教传播到中亚河中地区,吸引了一些
突厥部落改宗,为以后的传播奠定了基础。突厥人从中亚向四处
迁徙,将新的伊斯兰教信仰带到印度和安纳托利亚等地。突厥穆
斯林在印度遭遇的印度教徒和佛教徒,与充满敌意的安纳托利亚
基督教徒完全不同。为了深刻理解政治、社会和经济压力推动的
改宗过程,我们将对比分析突厥人在印度和安纳托利亚所采取的
不同方式。一小部分突厥武士统治着印度次大陆,突厥人在政治
上的支配地位和税收政策刺激了一些印度人改宗伊斯兰教。但
是,他们并没有特别地推动伊斯兰教传播,只是在苏菲派进入印度
并与当地文化传统融合之后,伊斯兰教才流行起来,吸引了大量印
度人改宗。相反,在安纳托利亚,突厥人将伊斯兰教作为思想武器
而配合军事征服。突厥人在安纳托利亚(虽然面积比印度小,但历
经数百年融合,文化趋于统一)的统治比他们在印度的统治更加牢
固,并积极传播伊斯兰教,惩罚那些不改宗的人,让安纳托利亚地
区彻底改宗异域伊斯兰教文化传统。

公元 7 世纪,伊斯兰教已经出现在印度北部地区。公元 8 世纪
早期,倭玛亚军队征服信德地区,在印度出现了一些小的穆斯林群
体。印度人对早期穆斯林十分宽容,经常雇佣他们在政府任职。
但总体而言,伊斯兰教出现在印度的早期三个世纪中,吸引了极少
数当地人改宗,几乎没有产生什么政治影响。

公元 11 世纪,形势发生了巨大变化。公元 1001—1026 年,加
兹尼的马哈茂德(Mahmud of Ghazni)经过艰辛的努力在旁遮普建
立了庞大的伽色尼王朝。后来,突厥征服者建立了德里苏丹国,并
将他们的政治权力扩张到孟加拉和德干地区,印度伊斯兰教获得

了极富开拓性政权的有力支持。突厥征服者破坏了印度传统的文化和政治秩序,烧毁了寺庙、修道院和圣坛,掠夺了圣地的宝藏,砸碎一切冒犯虔诚的穆斯林教徒情感的雕塑和宗教偶像。[1]

与埃及、波斯和中东等地相比,伊斯兰教在印度引发很少人改宗,主要就是因为缺乏改宗的诱因。吉兹亚税在印度只是偶尔征收,所以对于印度教徒、佛教徒或者其他纳税者来说,并不是沉重的负担。尽管改宗可以摆脱种姓制度的束缚,但这仅对印度社会中那些受到极度压制的人才具有吸引力。大多数印度改宗者即使接受了伊斯兰教之后,仍然保持传统的种姓和社会关系。同时,刺激印度上层社会改宗伊斯兰教的政治诱因,几乎完全缺失。公元14 世纪时,突厥统治者完全支配着印度的政治和社会事务,从未为印度穆斯林留下任何空间。当地印度人仅是在卡尔吉王朝(公元1290—1320 年)和图格鲁克王朝(公元 1320—1414 年)时,才拥有晋升地方长官和管理者的机会。

119 除了缺乏改宗诱因之外,突厥征服者对印度人充满猜忌和敌意。在与印度人第一次冲突中,他们就对印度文明十分厌恶。中亚天文学家阿尔比鲁尼(Al Biruni)明确地记载了这一点。马哈茂德在他的家乡花剌子模俘虏了阿尔比鲁尼,将其押送到加兹尼,随后到达德里。阿尔比鲁尼用了十年时间撰写了一部关于印度信仰、风俗和科学的长篇著作。他从不崇拜突厥征服者,尖锐地批评马哈茂德的残忍和暴虐,但很尊重印度在数学、科学和哲学等方面的成就。同时,阿尔比鲁尼对"印度人天生刚愎自用的性格"不以为然,说道:"印度人相信世界上没有像他们这样的国家、民族、国王、宗教和科学。他们目中无人、爱慕虚荣、自负、冷漠。"让阿尔比鲁尼更反感的是印度宗教信仰、性习惯和社会风俗。总的来看,与优雅的伊斯兰习俗相比,他更乐意展现印度文化的不足和伊斯兰

[1] S. M. Ikram, *Muslim Civilization in India*, New York, 1964; Aziz Ahmad, *Studies in Islamic Culture in the Indian Environment*, Oxford, 1964.

教文化的优越性。[①]

　　由于缺乏改宗诱因,以及征服者对印度人充满敌意,印度人对改宗伊斯兰教的热情也就不高,改宗人数也很少。但是,随后苏菲派传教士却让伊斯兰教在印度赢得了很多拥护者。苏菲派在民众中传教,以仁慈和精神感召吸引人们改宗。他们并没有专断地给印度人强加伊斯兰教,而是融合印度教和佛教传统,在尊重印度传统道德和宗教教义基础上,以伊斯兰教圣徒取代印度宗教神灵,让其更符合伊斯兰教意图。苏菲派传教士为了传播伊斯兰教,巧妙地运用了神圣的印度宗教祭祀场所,在印度教和佛教寺庙上建立新的圣坛。他们甚至还接受那些私下承认伊斯兰教,但在公共场合尊奉印度教、履行传统种姓义务的秘密改宗者。

　　印度宗教和文化融合的过程较为平和,有条不紊。其中最为著名的是公元 12 世纪,出现在印度南部地区,推崇"爱和奉献"的巴克缇(Bhakti)运动。早期数十年间,巴克缇运动完全体现着印度教风格,主要受《薄伽梵歌》的启发。公元 13—17 世纪期间,巴克缇运动不断向北部传播,人们对巴克缇的狂热崇拜也遭遇到了伊斯兰教的冲击。巴克缇运动拥护者(一般被称为"圣徒")开始受到伊斯兰教思想观念的影响,尤其是在"一神论"和"精神平等"方面。他们精心设计了一种超越种姓、主张平等的教义,强调人与神的同一性。另外,与苏菲派那样,巴克缇运动也成为受到压制的种姓阶层的精神寄托。巴克缇运动和苏菲派都设法获得这些人的拥护,这也就在一定程度上也阻碍了伊斯兰教的传播。

　　然而,长远来看,巴克缇运动融合了印度教和伊斯兰教。公元 15 世纪晚期—16 世纪早期,伽比尔(Kabir,公元 1440—1518 年)和那纳克(Nanak,公元 1469—1539 年)的著作明确地表现了这一点。这些著作的出现让巴克缇运动在印度北部的城市中十分受欢迎。伽比尔否认穆斯林和印度教神灵独有的权威,认为他们都是

120

----

① Al-Biruni, *Alberuni's India*, trans. E. C. Sachau, 2 vols, Delhi, 1964, vol. 1, pp. 22‑23, pp. 110, pp. 179‑186.

一样的——

> 哦,仆人,你在哪里找我?
> 看! 我就在你旁边。
> 我既不在寺庙,也不在清真寺;
> 我既不在克尔白,也不在冈仁波齐(湿婆的家)⋯⋯
> 哈里在东方,安拉在西方。扪心自问,你可以发现卡利姆
> (安拉)和罗摩(毗湿奴的化身);
> 芸芸众生都是他的化身。[1]

那纳克则完全不顾印度教和伊斯兰教教义,挣脱传统信仰的束缚,想象出了一种新的更具普世性的神。后来,他的门徒建立独立的锡克教,拒绝接受印度教和伊斯兰教。可以说,伽比尔和那纳克的著作表明了印度教和伊斯兰教的融合。这种融合不仅有助于推动跨文化交流,而且有助于融合各种文化传统,形成全新的文化思想。

伊斯兰教虽然吸收了一些印度教和佛教文化因素,得到了突厥统治者的支持,但并没有吸引很多印度人,甚至还有人强烈地抵制伊斯兰教和穆斯林统治。随着德里苏丹的衰落,这种抵制变得尤为激烈。摩洛哥旅行者伊本·白图泰在印度停留的八年时间中(大约从公元 1333—公元 1341 年)目睹了很多恐怖的叛乱和强盗行径,苏丹政令的效力出不了德里城。但是,伊斯兰教法在德里地区和苏丹王室中得到了强化,伊本·白图泰曾担任穆罕默德·伊本·图格鲁克(Muhammad ibn Tughluq)苏丹的卡迪,曾由于喝酒被一位军事长官抽打八十鞭子,并被关押;[2]此外,伊斯兰教法也在印度各地被宣扬和执行。

---

[1] William Theodore de Bary, *Sources of Indian Tradition*, 2vols, New York, 1958, vol. 1., pp. 355 - 357.

[2] Ibn Battuta, *The Travels of Ibn Battuta*, A. D. 1325 -1345, pp. 231 - 232.

　　其中有几次反抗引起了军事动乱，最臭名昭著者是胡斯劳汗（Khusrau Khan）。胡斯劳汗是一个改宗伊斯兰教的低种姓印度人，后来成为卡尔吉（Khalji）苏丹的同性恋情人。公元 1320 年，胡斯劳汗突然发动叛乱，谋杀苏丹及其家人，窃取政权，破坏清真寺，重新恢复印度教，下令驱逐德里的穆斯林。他的统治仅维持了四个月，除了将卡尔吉王朝带向灭亡以外没有产生任何影响。但是，这也说明了穆斯林在印度统治极不稳固，以及印度教反抗的威力。

　　比胡斯劳汗叛乱更严重的是，维查耶纳伽尔王国在印度南部的建立。具有讽刺意味的是，突厥人在印度南部的扩张让印度人王国的力量得到了巩固。公元 14 世纪早期，苏丹军队向南部扩张，俘虏了两个印度王子哈利哈拉（Harihara）和布卡（Bukka），将其押回德里。他们在德里改宗伊斯兰教，为苏丹服务，后来作为苏丹的官员回到了南部地区，最终哈利哈拉在公元 1336 年独立称王。随后，这对兄弟放弃信仰伊斯兰教，再次回归本土印度教。虽然，他们没有发动反对伊斯兰教的斗争，但是建立的独立印度王国限制了伊斯兰教的扩张。 122

　　当马哈茂德及其继任者在印度推动伊斯兰教传播时，塞尔柱突厥人则暴风雨般地闯入到安纳托利亚地区。之后，安纳托利亚发生了比印度更为彻底的文化转变。拜占庭帝国的长期统治让安纳托利亚比印度更有凝聚力和防御能力，但是在塞尔柱突厥人征服之前，安纳托利亚叛乱四起。塞尔柱入侵者抓住时机，成功地导致了安纳托利亚社会的分裂。公元 1016 年，突厥人第一次出现在安纳托利亚；公元 1071 年，在曼齐克特之战中沉重地打击了拜占庭军队。拜占庭人、突厥人、亚美尼亚人、诺曼人竞相残杀，拜占庭的统治迅速衰落。公元 13 世纪末期—14 世纪，新一轮征服开始。这次，奥斯曼突厥人控制了安纳托利亚地区，最终决定了这里的基督教的命运。整个安纳托利亚地区完全陷入混乱的状态，而印度仅有信德和旁遮普地区发生动乱。

　　安纳托利亚地区的严重分裂引起了深刻的文化转变。[1] 饥饿、疾病和战乱让基督教徒数量大为减少。很多基督徒在突厥人到来之前就逃亡，其他一些则被俘获沦为奴隶。虽然，征服者容忍基督教徒保持他们的信仰，但也施加很多歧视性的限制，例如基督教徒必须穿特定的衣服，不能骑马、佩剑，而且除了常规税收以外，还必须缴纳吉兹亚税。基督教传教士和平信徒都遭遇了同样的命运。正如在印度一样，突厥征服者破坏了所有宗教和政治场所，突厥人谚语将穆斯林英雄称为"马利克·达尼什曼德勇士……教堂和城堡的破坏者"。[2] 有时，这些征服者禁止基督教徒进入教堂，经常挪用宗教收入。公元 15 世纪之时，基督教徒已心灰意冷，安纳托利亚基督教组织被完全破坏。

　　公元 11 世纪之后，安纳托利亚基督教处境比印度教更为困难，而安纳托利亚比印度更具备改宗伊斯兰教的诱因。公元 13 世纪末期，安纳托利亚大量基督教徒已经融入到伊斯兰社会中，到公元 15 世纪末期几乎完全消失。经济和社会诱因有效地推动了安纳托利亚地区改宗，而印度旁遮普的突厥人几乎没有丝毫兴趣使印度人——即使是印度穆斯林——进入统治阶层。相比而言，安纳托利亚征服者对改宗伊斯兰教的基督教徒则十分宽容，很多基督教徒都表示归顺、效忠，获得了很多奖赏，甚至还在突厥王室中身居要职，其中加布拉（Gabras）家族就是很好的例子。加布拉家族在安纳托利亚东部地区势力强大，在公元 11 世纪保卫特拉比松反抗突厥人的战役中，发挥了重要作用，其中一名家族成员还为此殉道。但在公元 12 世纪时，加布拉这个名字却经常出现在塞尔柱仆人这个阶层中，加布拉家族几位成员还在军队中身居要职，其中一位担任

---

[1] Speros Vryonis, *The Decline of Medieval Hellenism in Asia Minor and the Process of Islamization from the Eleventh through the Fifteenth Century*, Berkeley, 1971; Claude Cahen, *Pre-Ottoman Turkey*, trans. J. Jones-Williams, New York, 1968.

[2] Speros Vryonis, *The Decline of Medieval Hellenism in Asia Minor and the Process of Islamization from the Eleventh through the Fifteenth Century*, p. 195.

与拜占庭谈判的使节,另外一位担任埃米尔。①

　　然而,并非所有改宗伊斯兰教的人都像加布拉家族那样甘愿为突厥人服务。突厥人实行壮丁制度(即 Devshirme 制度),强制招募了很多人。这些被招募者在突厥穆斯林社会中也能过着令其满意的生活,他们大多成为政府的奴隶(苏丹的仆人),同时还有很多基督教徒的孩子被收容起来、培养成穆斯林。在突厥人的统治下,这些人为安纳托利亚的政治、军事、文化和宗教事业作出了重要贡献。在突厥人统治早期,基督教徒很不情愿看到自己孩子被带走,但后来这些被招募的孩子却获得了更多的机会。因此,公元 15 世纪之后,基督教徒都希望自己的后代被招募。　　　　　124

　　除了经济刺激以外,安纳托利亚的突厥统治者也为改宗伊斯兰教的人提供很多心理和精神上的慰藉。他们为即将改宗的人提供宗教服务,促使他们加入伊斯兰世界,还有很多社会福利机构为生活拮据的改宗者提供食物、衣物、庇护所,甚至钱财,为生活贫困的东正教徒提供救济金。他们充满仁慈和关怀的举措逐渐赢得了人们信赖。同时,苏菲派灵活的宗教仪式和教义也推动了伊斯兰教传播。很多苏菲派传教士通过音乐、舞蹈以及举办感人的宗教仪式让人们与安拉融为一体,吸引人们改宗。宗教融合的方法缓解了基督教徒改宗伊斯兰教的心理压力,例如穆斯林强调对宗教的敬畏和崇拜,强调基督教和伊斯兰教的共同之处,而非细致的教义,并向基督教徒灌输基督教和伊斯兰教只是同一信仰的两种表现方式等理念。

　　苏菲派使得很多基督教徒改宗伊斯兰教。但如其他地区一样,伊斯兰教作为刚进入安纳托利亚的异域宗教文化,并没有产生颠覆性的影响;相反,很多传统文化通过各种方式得以保留下来。即使一小部分拜占庭基督教徒接受了突厥语言和习俗之后,仍然坚持自己的信仰。公元 15 世纪末期,安纳托利亚仍有大约 8% 的人

---

① Speros Vryonis, *The Decline of Medieval Hellenism in Asia Minor and the Process of Islamization from the Eleventh through the Fifteenth Century*, pp. 231 - 232.

坚持自己的文化传统。不过却很少有人采取激进的方式,公开反对突厥人的统治和伊斯兰教。正如公元 9 世纪的科尔多瓦一样,自愿殉道在安纳托利亚并没有广泛流行,但即便在突厥人统治安纳托利亚数百年之后,仍有很多虔诚的宗教信徒让穆斯林统治者和伊斯兰教徒感到愤慨。这些信徒有时故意抵制伊斯兰教,但效果并不明显,也有记载表明有人为此殉道。这些殉道者的捍卫和反抗让一小部分基督教群体得以存留。尽管安纳托利亚出现了剧烈的文化改宗,但直到 20 世纪一小部分基督教群体仍旧存在,没有完全消失。

通过施加政治、社会和经济压力,突厥征服者在印度,尤其是在安纳托利亚迫使人们改宗,促进了伊斯兰教的扩张。同时,成千上万默默无闻的伊斯兰商人在印度洋港口城市和沿海地区传播他们的信仰,吸引人们自愿改宗。虽然,能够说明商人传播伊斯兰教的途径和手段的史料极为稀少,并且不完整,但仍有一些幸存的史料为我们提供了线索。伊斯兰教在这一地区的传播与印度教、佛教文化传播类似。为了满足宗教需求,商人在贸易港口地区建立了很多小型贸易聚集区。当地与商人有密切贸易关系的居民接受了他们的宗教信仰、价值观念和道德规范,更好地参与到了广阔的经济活动之中。随着改宗者增多,伊斯兰群体不断扩大。在穆斯林群体中,卡迪负责执行审判和判决,神学家负责各地伊斯兰教知识的传播和沟通。为了消除与当地传统文化之间的隔阂,苏菲派在当地居民中广泛传播伊斯兰教。这些新的改宗者到麦加朝圣,最先接触到伊斯兰教风俗和传统,逐渐融入到不断扩大的伊斯兰世界中。在很多情况下,统治阶层也都认可伊斯兰教所具有的政治、经济优势,官方的支持让伊斯兰教拥有了强大的后盾,得以在异域地区牢固确立。

伊斯兰教在撒哈拉以南的西非和印度洋大部分地区(包括印度南部、东南亚、东非沿岸,甚至是一些印度洋的岛屿如马尔代夫和拉克代夫岛等地)传播的经历大致与此类似,其影响范围不断扩大。

但是,很多地区在改宗之后,对伊斯兰教教义和价值的遵循程度并不一致。伊本·白图泰的经历就说明了这一点。伊本·白图泰离开印度之后,到达马尔代夫,被国王卡迪伽苏丹(Sultans Khadija)任命为卡迪。在其旅居马尔代夫的 20 个月期间,伊本·白图泰最为积极地介绍伊斯兰教价值观念,强制执行伊斯兰教法,对那些不参加周五祈祷和对已经离婚的配偶进行性侵犯的人施以严厉的鞭刑。曾经有一次,他铁面无私,严格实施伊斯兰教法,命令砍断小偷的右手,有几个旁观者看到如此严惩之时竟然晕倒。尽管这一措施打击了盗窃行为,但层出不穷的惩罚也说明了马尔代夫人并没有很好地遵循伊斯兰教法,以及伊本·白图泰的宣教并不成功。他也坦率地承认自己并没有成功地宣扬伊斯兰教道德价值供人们遵循。在一处岛屿,他发现那里的妇女——

> 只用一条布巾从脐遮住下体,身体的其他部分却一丝不挂,就这样漫步于市街各处。我任该地法官以来,曾决心除此习俗,让妇女穿上衣服,但终未能行。我只能让她们诉讼时,遮盖身体来见我,除此之外我就无能为力了。[1]

然而,宗教信仰如果有制度保障和支持,得到统治阶层的保护和眷顾,就能够长期存在,这也是伊斯兰教能够在欧亚非地区长期存在的原因。

商人对伊斯兰教的传播往往表现得较为平静,需要历经很长时间之后才能取得效果。公元 13 世纪末期,马可·波罗最早记载了东南亚的伊斯兰教,提到了位于苏门答腊北部的八儿剌(Perlak)[2]

---

[1] Ross E. Dunn, *The Adventures of Ibn Battuta*, pp. 229-237.(作者提到此处岛屿应为兹贝·埋赫里岛,关于此岛位置和此处译文,详见马金鹏译,《伊本·白图泰游记》,银川:宁夏人民出版社,2000 年,第 494 页,第 496—497 页。——译注)

[2] 〔法〕沙海昂提到阿拉伯人无"f"音,Parlak 故读作 Ferlec,"此国应在极北,其境应抵于 Cap Diamond 岬,此岬土名 Parlak";岬南五十公里,Perla 城及 Perla 水在焉,殆为古都之所在也。详见〔法〕沙海昂注,冯承钧译,《马可·波罗游记》,北京:中华书局,2008 年,第 661 页,注三。——译注

国——

> 应知回回教徒常往来此国,曾将国人劝化,归信摩诃末 (Mahomet)之教,然仅限于城居之人,盖山居之人生活如同禽兽,食人肉及一切,并崇拜诸物也。[1]

这则记载清楚地表明改宗的经历比较漫长。尽管山区和高原地区的人们依旧坚持自己传统的生活方式,对伊斯兰教毫无兴趣,但八儿剌地区的城市居民自愿改宗伊斯兰教,与穆斯林商人密切联系,广泛参与外部事务。

类似的过程也出现在东南亚其他地区的商业群体中,近来很多研究显示与异域贸易者的经济联系推动了爪哇人改宗伊斯兰教。统治阶层控制领地内的贸易,很快熟悉了伊斯兰教;同时,伊斯兰教为统治阶层带来了很多政治优势,并最终促使他们改宗伊斯兰教。在东南亚历史传统中,统治者不仅具有非凡的才能,而且具有神赐的裁决权力和能力。伊斯兰教作为一种神圣权力,能够让统治阶层更具合法性,自然对他们有着强烈的吸引力。但是,统治阶层并不热衷于促使臣民改宗伊斯兰教。即使,他们在改宗伊斯兰教之后,也与印度教和佛教文化保持某种联系,让其统治更富有神圣性。伊斯兰教在普通民众中的传播,则显得比较零散和隐秘,不太系统和规范。有史记载关于伊斯兰教在东南亚的传播直到公元15世纪才出现,这些史料已被现代历史学家认可。从现存史料来看,伊斯兰教在东南亚传播初期,人们大多是自愿改宗。[2]

在撒哈拉以南的非洲地区(包括东非和西非),有迹象显示商

---

[1] Marco Polo, *The Book of Ser Marco Polo*, vol. 2. p. 284. (此处译文出自[法]沙海昂注,冯承钧译,《马可·波罗游记》,第655页。——译注)

[2] M. C. Ricklefs, "Six Centuries of Islamization in Java," in Nehemia Levtzion ed. *Conversion to Islam*, New York, 1979, pp. 100-128;关于东南亚的政治文化,详见 O. W. Wolters, *History, Culture, and Region in Southeast Asia Perspectives*, Singapore, 1982, pp. 1-15.

人在伊斯兰教早期的传播过程中扮演了重要角色。东非商人参与到了与印度洋联系的商业贸易中。班图人（Swahili，阿拉伯语中专指"沿海居民"，即游走于沿海周围的人）在桑给地区（位于摩加迪沙和索法拉之间的东非沿海地带）的渔村和农业村庄之间进行贸易。[①] 他们用陶器、玻璃、铁器和纺织品换取当地的黄金、象牙、奴隶、香料和动物皮毛等。除了这些物资贸易之外，他们也将阿拉伯语、伊斯兰教和复杂的政治制度带到了东非村庄。贸易促使了一些主要沿海城镇，如摩加迪沙、马林迪、蒙巴萨、基尔瓦、莫桑比克和索法拉等快速发展，这些城镇规模不断扩大；同时，内陆地区也逐渐形成了贸易网络。这些城镇在贸易推动下繁荣发展，统治阶层也十分富有，他们身穿丝绸，使用进口的瓷器，城镇以前的木制和珊瑚建筑也被石制建筑取代。

繁荣的贸易还影响了文化发展。有时，班图贸易者与当地统治者建立联盟，这些统治者十分照顾他们的利益。这些异域贸易者甚至建立了自己的统治王朝，在城镇中确立统治地位。总之，公元1100 年当伊斯兰教与当地王国建立联盟之后，东非贸易快速发展。伊斯兰教将班图贸易者和统治阶层凝结在一起，当地人都自愿改宗伊斯兰教。东非本土文化传统重视地方宗族、巫术和神奇之法，十分尊重在外地进行贸易和旅行的人。而伊斯兰教成为印度洋地区一种被普遍认可的价值和道德体系，为各地的统治都增添了合法性，并吸引了很多统治者、地方商人以及长途贸易者改宗，与其他地区建立了有效的文化联系。公元 13 世纪，东非较大的贸易城镇都有石制的清真寺。当地统治者大力提倡伊斯兰教，资助清真寺等工程的建设，引入伊斯兰教法，公开遵循伊斯兰教宗教仪式，履行慈善义务；同时，当地伊斯兰教组织以及整个伊斯兰世界赋予了这些统治者更多的合法性。

129

[①] Derek Nurse and Thomas Spear, *The Swahili*, Philadelphia, 1985；也见内维尔·奇蒂克（Neville Chittick）详细的考古研究：Neville Chittick, *Kilwa: An Islamic Trading City on the East African Coast*, 2 vols. Nairobi, 1974。

但是,统治阶层从未在臣民中强制推行伊斯兰教。班图城镇中传统的本土文化重视地方宗族、巫术和神奇之法,只关注地方社会,这些信仰和价值观念在普通大众中依然根深蒂固。统治阶层也认可当地文化的重要性,并视其为统治合法性来源之一。可以说,地方统治者同时对当地文化和伊斯兰教文化的认可,将传统文化主导的地方社会与印度洋地区更广阔的多元化、世界性的社会联系起来。

伊斯兰教并没有完全抛弃或抹杀东非本土文化。早期伊斯兰教仅对贸易者和统治者颇具吸引力,后来才发展成为东非的主流文化。随着印度洋贸易不断发展,桑给地区的政治、社会和经济取得了长足进步,为伊斯兰文化的传播创造了良好条件。除了贸易和政治支持以外,印度洋地区日渐密集的交流也促进了伊斯兰教传播。

印度洋贸易体系尽管没有囊括西非地区,但西非与东非沿海城市的发展历程极为相似。公元 8 世纪,为了寻找西非的黄金和奴隶,贸易者的骆驼商队穿越炎热的撒哈拉沙漠。西非贸易与伊斯兰教密切联系,相辅相成。唯一令人遗憾的是,很多商人不再经营贸易时,就会放弃了他们的宗教信仰和穆斯林身份,但仍有一小部分最终改宗伊斯兰教。公元 11 世纪,一些西非统治者开始自愿改宗伊斯兰教。公元 11 世纪中叶,位于塞内加尔河流下游的台克鲁尔国王开始强迫臣民遵守伊斯兰教法,并在邻近地区传教,但大部分统治者并未采取如此激进的政策,他们自愿改宗伊斯兰教,雇佣受过良好教育的穆斯林担任秘书和翻译,但并没有强迫臣民改宗。

贸易收入是这些统治者主要的经济来源,伊斯兰教为与异域商人进行交易带来了极大便利,所以他们为了控制贸易纷纷改宗伊斯兰教。改宗伊斯兰教的西非统治者大力支持伊斯兰教发展,设法招募杰出的穆斯林贸易商人,让其为自己服务,还与那些常年在外熟悉各地情况的人士保持密切联系;除此之外,西非统治者还得

130

到了北非穆斯林统治者的认可。①

改宗伊斯兰教的西非统治者无不希望在政治、外交和经济上获益，但对利益的渴望，并不意味着他们没有真正忠于伊斯兰教信仰，例如改宗伊斯兰教的马里国王曼萨·穆萨（Mansa Musa）就是很好的例子。曼萨·穆萨狂热、虔诚地信仰伊斯兰教，并于公元1324年去麦加进行了一次规模宏大的朝圣。在数千名臣民、奴隶、士兵和随从陪伴下，他怀着谦卑和虔诚的心情开始这次朝圣之旅。在途中，他慷慨施舍黄金。在开罗期间，他大肆散发黄金，以致当地金价下降了25%。这次朝圣使曼萨·穆萨更为狂热地信奉伊斯兰教；后来他还邀请了几位穆罕默德后裔到达马里，修建清真寺，并资助了数名学生在非斯的清真寺学校学习。

在整个西非社会开始转型之际，除极少数十分狂热的改宗者（如上面提到的台克鲁尔国王）以外，大部分统治阶层都希望保持稳定的秩序，不希望改宗者完全改变西非社会的传统结构。西非统治者与班图人一样接受了伊斯兰教，并将其作为与外部世界联系的文化桥梁，但是为了有效地管理当地社会，他们仍旧承认和尊重传统的信仰和价值观念。穆斯林商人的数量只占西非城市的四分之一，仅涉及与当地人的商业和官方事务。公元19世纪以前的西非社会中，伊斯兰教在西非城镇以外的地区几乎没有留下任何印记。即使是在城镇和皇室，伊斯兰教法虽然被确立，但当地文化传统仍然有所保留。伊本·白图泰再次证明了这一点。公元1351—1354年，伊本·白图泰在最后一次旅行中，访问了马里王国和撒哈拉沙漠以南一些地区。作为一名虔诚的穆斯林，伊本·白图泰对那里混乱的性关系感到十分愤怒。那里的男人除了妻子以外，对其他妇女都十分轻浮；他在苏丹宫廷中亲眼目睹了很多女

131

---

① Nehemia Levtzion, "Patters of Islamization in West Africa," in Nehemia Levtzion ed. *Conversion to Islam*, pp. 207 - 216; *Ancient Ghana and Mali*, London, 1973. E. W. Bovill, *The Golden Trade of the Moors*, 2nd ed. London, 1968.

奴隶和仆人赤裸身体,对他做出猥亵的动作。①

西非如东非一样,再次证明改宗伊斯兰教的国王将自己的统治地区与外部世界联系起来,但是西非贸易显然不如东非那样繁荣。印度洋适宜的航海环境和规律的季风使大量航海者都能够顺利到达东非,尽管撒哈拉沙漠并非无法逾越,但与印度洋相比,它给北非到西非的行程增加了许多障碍。虽然跨撒哈拉贸易从未凋敝,但不稳定的政治环境严重地阻碍了贸易的发展,更是影响了文化的传播。公元15世纪,随着马里王国的衰落,延巴克图、杰内和其他贸易中心的环境充满异动,穆斯林商人逐渐离开。整个王国重新落入异教徒之手,留下来的穆斯林已经失去了传播伊斯兰教的信心。西非的情况更好地说明了贸易在伊斯兰教向外传播过程中所发挥的重要作用。

二、印度文化影响的减弱

公元11—14世纪,伊斯兰教影响不断扩大,而印度传统文化的影响无论在国内还是异域地区则不断减弱。在公元后的1000年间,印度教、佛教在亚洲广泛传播,对人们的信仰和价值观念产生了深刻影响。但是,随着突厥征服者的出现,印度传统信仰在巨大的政治和文化压力下,被不断扩张的伊斯兰教文化取代。伊斯兰教更具活力,拥有很多虔诚的拥护者,逐渐吸引印度人改宗,而印度传统信仰则变得黯淡失色。

印度文化影响的减弱,一方面是因为突厥征服和伊斯兰教传播等外部因素所致,另一方面则是印度本土文化的发展也停滞了。其中最具代表性的是佛教在印度的衰落,或者更确切的说是被印度其他文化传统所同化。此外,公元11世纪之后,印度不再引领佛教文化和知识的发展,印度佛教徒再不前往其他地方传播佛教思想,很多求法高僧也不去印度学习佛教教义和宗教仪式。继佛

132

① Ross E. Dunn, *The Adventures of Ibn Battuta*, pp. 290 - 309.

教之后,印度再也没有文化传播到异域地区。同时,印度人不热衷于传教,这也为伊斯兰教在印度的传播提供了机会。

无论出于何种原因,印度文化对异域影响的减弱通常表现为两种状态。以佛教为例,佛教在很多地区,尤其在中国受欢迎程度和影响力急剧下降;但在中国部分地区和东南亚,印度佛教文化与当地传统文化则不断融合。文化融合让佛教在异域地区得以保持,但由于长期缺乏与印度本土宗教人士的联系,导致其印度色彩不断消退,更加体现出其他民族的趣味和价值观念。

正如上章提到的那样,唐代中国的佛教曾经遭到了激烈抵制,其中就包括唐帝国政府的镇压。宋代,中国的佛教比唐代形势更为严峻。[①]　宋代,科举制的复兴吸引了大批才俊,让这些人免于沉迷佛教;同时,宋代拮据的财政收入让佛教徒和寺院日益凋敝,由于无法维持日常的开支,朝廷允许私人管理寺庙,但这些人大多没有受过很好的佛教教育、对此并不熟悉。此外,来往于中印之间的传教士和朝圣者数量日渐减少以至绝迹,所以中国那些虔诚的佛教徒就无法接触到印度权威的宗教教义和知识。

但是,宋代中国的佛教并未完全消失,而是不断呈现出中国传统文化特色,印度色彩不断丧失。净土宗和禅宗是中国最受欢迎的佛教流派,两者并不注重经文和教义,而是强调沉思、信仰、直觉和顿悟,并融合一些与印度佛教相似的道教教义和思想观念。宋代,人们对佛教狂热的信奉是因为中国传统文化对印度佛教彻底的改造。在佛教中,人们最为崇拜弥勒佛,弥勒佛代表着一位尘世的身宽体胖、仁慈善良的未来佛形象。印度的弥勒佛具有着高尚的道德,致力于灵魂拯救,极为严肃和简朴;然而,宋代的弥勒佛则十分热爱生活,好吃好喝和硕大的腰身显示了兴旺和安逸,总是挂着一脸微笑,无论到那里总有一群小孩围绕在周围。宋代的弥勒佛,显然反映了中国人力求生活美满和家庭幸福的心态,与印度佛

133

---

① Kenneth K. S. Ch'en, *Buddhism in China：A Historcal Survey*, Princeton, 1964, pp. 389 – 408.

教没有必然联系。

与中国相比，东南亚的印度文化具有更深厚的基础，并没有迅速衰落。随着印度教徒和佛教徒的迁徙，印度律法和政治文化也到达东南亚地区。即使，印度宗教在与当地传统不断融合并日趋衰落之时，其他的印度文化仍旧深刻地影响着东南亚文化。例如，东南亚各地的统治者都认可印度政治文化传统——公元 11 世纪，爪哇国王埃尔朗加（Erlangga）十分喜爱《政事论》（Arthasastra），并将自己击败敌人归因于《政事论》的正确指导。至公元 14 世纪，爪哇麻喏巴歇（Majapahit）王朝的法典也大量借鉴《摩奴法典》（Manu）。①

与中国一样，印度宗教在东南亚也与当地传统融合，丧失了印度色彩。尤其到公元 13 世纪，当穆斯林贸易者在东南亚商业中心建立聚集区、蒙古入侵破坏了东南亚稳定的政治环境之后，文化融合的进程不断加快。② 有时候，文化融合导致了文化同化，例如公元 1222—1293 年，统治爪哇地区的查耶卡旺王国的宫廷成为印度教、佛教与当地文化传统彼此融合的场所。宫廷雕塑描绘的是印度教和佛教人物，却象征着当地的巫术和神赐权力，并没有体现印度价值观念；同时，融合各种文化因素的宗教仪式主要以密宗佛教为基础，宗教仪式上的巫术、魔法、饮酒和性活动等，就是查耶卡旺宫廷宗教融合的一种表现。

比起查耶卡旺王国相比，吴哥窟遗址更表现了高棉文化的文化融合。吴哥窟雕像和爪哇一样，表现的都是印度教和佛教的著名人物，但却体现着当地人的趣味和价值观念。最能表现吴哥窟文明的是一个复杂的水利工程。这是一个由储水系统和运河组成的复杂网络。通过这个水利工程，人们能够及时获取季风带来的雨

---

① O. W. Wolters, *History, Culture, and Region in Southeast Asia Perspectives*, Singapore, 1982, pp. 34 - 35.

② George Coedès, *The Indianized States of Southeast Asia*, trans. S. B. Cowing, Honolulu, 1968, pp. 33 - 34, p. 188, pp. 218 - 246; D. G. E. Hall, *A History of South-East Asia*, 4th ed. New York, 1981, pp. 74 - 104.

水,这些雨水每次可以储存数月,在干旱的时节被分流到各地。高棉国王作为上天与尘世的沟通者,负责维持和管理这个水利工程,以确保丰收和繁荣。[①] 印度神灵无疑为高棉国王增加了无限荣耀,但这个社会更加重视当地的农业宗教,因为它意味着水源和阳光的供应。如果异域教义能够让高棉国王进行上天与尘世之间的沟通,那则更好不过,但水神仍然是人们所信奉的最主要、最普遍的神灵。正如学者指出吴哥窟是——

> 一个运河和水利网络的体系,它让这座城市成为一个盛开的花园。这个工程所体现的劳动比寺庙建筑更让人震撼。那些寺庙以石头堆砌代价极小,仅是为那些虔诚的教徒提供心理慰藉。[②]

三、游牧民族与欧亚大陆定居民族的文化

突厥人改宗伊斯兰教,推动了伊斯兰教在印度和安纳托利亚地区的确立。这里将主要考察游牧民族,游牧民族迅速的扩张和大帝国的建立,保障了中亚和东亚的跨文化交流得以有序进行,但是契丹和蒙古人的经历完全不同于突厥人。突厥征服者破坏了印度的传统宗教和文化结构,在安纳托利亚则将伊斯兰教作为一种思想武器。他们改宗伊斯兰教,排斥印度教和基督教文化传统。可以说,突厥人的文化扩张与政治、军事运动同时进行、相得益彰,推

---

① D. G. E. Hall, *A History of South-East Asia*, 4th, pp. 105 – 150. 关于吴哥窟水利体系的分析主要借助空中拍摄的照片,详见 Bernard P. Groslier, *Angkor et le Cambodge au XVI² Siècle d'après les sources portugaises et espagnoles*, Paris, 1985, pp. 101 – 121。关于吴哥窟当时高度的记载,详见 Zhou Daguan, *The Customs of Cambodia*, trans. P. Pelliot and J. G. Paul, Bangkok, 1987。(即(元)周达观,《真腊风土记》,详见(元)周达观著、夏鼐校注:《真腊风土记校注》,北京:中华书局,1981 年。——译注)

② Bernard P. Groslier, *Angkor: Atr and Civilization*, trans. E. Smith, New York, 1996, p. 31.

动了伊斯兰教在异域地区的确立。

136 　　但是,中亚和东亚的游牧民族,从未发起过类似突厥人在印度和安纳托利亚的文化运动。虽然,他们拥有自己的传统信仰和价值观念,但在征服过程中并没有取代被征服民族的文化传统,也没有将异域文化强加给被征服民族。最终,他们反而接受了被统治的定居民族的文化。虽然,游牧民族在被征服的定居文化中留下了自己的印记,但也仅停留在经济和物质层面;而且,与其他传统文化相比,中亚和东亚游牧民族的传统文化并没有什么优越性和吸引力。

　　游牧部落长期控制着中亚草原,政治势力不断扩大,逐渐建立开始威胁到中国和中东地区的定居文化的政权。唐朝瓦解之后,契丹族在中国北部草原地区建立辽国(公元907—1125年);满洲半游牧民族女真人征服辽,建立金(公元1115—1234年),取代北宋统治中国北方地区;蒙古人则联合其他游牧民族横扫游牧和定居地区,最终统治欧亚大陆大部分地区——公元1234年征服中国北方地区的金;公元1279年推翻南宋,统治中国所有地区;元朝(公元1279—1368年)时期,蒙古人控制了东亚所有军政大事;公元13世纪早期,蒙古人出现在东欧和中东;公元1240年,金帐汗国占领(今)俄罗斯地区;公元1258年,蒙古将军旭烈兀洗劫巴格达,灭亡阿巴斯帝国,建立伊尔汗国。

　　这些征服活动为欧亚大陆游牧与定居民族之间的联系和文化交流,奠定了基础。中国及周边地区出现各种交流,不同文化取长补短。契丹人在中国北方确立统治之时,汉人与契丹的关系如同之前与匈奴的关系。

137 此时,虽然在边境地区出现了大量文化转型和交流,但主要还是契丹文化与中国文化并存。金代,半游牧状的女真人统治他们的家乡满洲和中国北部之时,文化交流更加密集;最终,女真人被同化到中国社会和文化中。跨文化交流在蒙古人统治时达到了高峰。安全的道路便利了贸易者和传教士的长途旅行,蒙古人为了实现军事统治,将一些民族迁移到帝国边境地区。元代,中国和蒙古利亚地区呈现出多远文化并存的局面。这里我们将探讨汉族、游牧民族和其他民族之间跨文化交流的方式和影响。

尽管,很多契丹人与汉人经常接触,但仍旧保持了他们传统的生活方式。[①] 草原孕育了契丹人强大的军事能力,他们继续打猎、放牧,在传统部落中组织政治生活。辽国北部地区的契丹文化并未遭到破坏,依旧保持原始状态,只是偶尔出现的丝绸显示中国文化的影响。在宋代北部边境地区,相互交往和彼此联姻造成了大量文化融合,但那里的汉人和契丹人依旧保持自己的生活方式。大多数生活在辽国的汉人都说汉语,但经常起着尊贵的契丹名字,身着契丹服饰,娶契丹人妇女,并且对骑马、打猎和捕鱼等契丹人的活动有着浓厚兴趣。同时,中国也影响着契丹。辽代很多宫廷仪式都从中国借鉴。公元 10 世纪早期,契丹人的书写文字就是在汉语和回纥文基础上形成。除汉语以外,中国传统观念对辽国一些地区也产生了深刻影响,但契丹大部分地区还保持着对太阳、天国和神灵等的敬奉,遵循萨满教仪式。尽管,一些契丹人将佛教融入到他们传统的萨满教之中,但契丹社会中的儒教和道教几乎完全被汉人掌握。

138

即便如此,仍有一些中国传统观念影响了契丹统治阶层,其中信奉儒家思想的契丹公主萧意辛就是代表。[②] 萧意辛曾与兄嫂就如何获得丈夫宠爱发生争论。兄嫂争言"厌魅以取夫宠",而意辛认为"厌魅不若礼法",众问其故,意辛曰——

　　修己以洁,奉长以敬,事夫以柔,抚下以宽,毋使君子见其轻易,此之为礼法,自然取重于夫。以厌魅获宠,独不愧于心

---

① Karl A. Wittfogel and Feng Chia-sheng, *History of Chinese Society：Liao（907 - 1125）*, Philadelphia, 1949. 这部著作不仅有具体的分析,还有大量的文献翻译。

② 萧意辛,耶律奴妻萧氏,小字意辛,国舅驸马都尉淘苏斡之女。母胡独公主。详见,(元)脱脱著,《元史·耶律奴妻萧氏传》,北京:中华书局,1974 年,第 1473 页。——译注

乎。①

　　众人"闻者大惭"，以此观之萧意辛的认识与众不同，但这也表明汉人传统观念尽管传入到了契丹统治阶层，但并没有赢得广泛认可。实际上，在统治阶层中，契丹人与汉人之间的交流也十分稀少。即使在彼此交流两个世纪之后，辽国最后一位皇帝都无法让他的中国臣民养成喝马奶酒的习惯，而这是一种游牧民族的主要饮食、辽人非常喜欢的母马奶酿的酒。

　　女真人的经历完全不同于契丹人，主要表现在两个方面。首先，满洲的女真人与契丹人不同，处于半游牧状态，主要进行农业生产，甚至在与汉人接触之前就定居于村庄和城镇中。大部分女真人只在打猎、放牧、迁徙的过程中保持游牧习性。尽管相比汉人他们迁徙不定，但女真人具备适应中国农耕社会的生活经验。第二，与契丹人不同，女真人不仅仅定居在中国边境地区。公元 12 世纪，金朝的领域不仅囊括了满洲，而且也包括了中国黄河流域以北的地区。与契丹人相比，女真人能够更直接地与汉人接触，而且他们治理中国的方式也不断完善。这说明女真人吸收了中国大量文化，并且最终被中国社会彻底同化。

　　女真统治者为了使自己的统治合法化，在征服中国北部时就开始采用中国的官方礼仪。② 他们完全效法中国传统的方式维持统治，例如采用中国的典章制度、科举、儒家道德观念和传统律法等。最终，兼容并包的中华文明完全同化了女真人的文化。金熙宗完颜亶(公元 1123—1149 在位)饱读《尚书》、《论语》及《五代》、《辽史》诸书，并创作了大量诗歌，最终放弃了女真人的礼仪，视其先祖尚未开化。女真人完颜希伊，初为萨满教徒，后接受了儒家思想，

① Karl A. Wittfogel and Feng Chia-sheng, *History of Chinese Society*：*Liao*（*907 - 1125*）, p. 265。(引文出自(元)脱脱著：《元史·耶律奴妻萧氏传》，第 1473 页。——译注)

② Jing-shen Tao, *The Jurchen in Twelfth Century China*：*A Study of Sinicization*, Seattle, 1976.

收集了大量中国古典书籍,并让其后代接受儒家教育。^① 同时,汉人也影响了一些普通女真人的生活。在统治中国北方期间,女真人开始说汉语、穿汉服、与汉人通婚,其子孙后代在汉人环境中生活,并且改宗佛教和道教。虽然,直到明代中国北部女真人的传统风俗仍然存在,但总体而言他们已经被中国社会和文化所同化。

　　蒙古人与汉人的关系让人不禁想起契丹人、女真人与汉人的关系。^② 进入中国的蒙古人的文化和社会环境非常类似于契丹人。由于生活习惯和价值观念的区别,蒙古人并不喜欢汉人的生活方式。但与女真人一样,蒙古人征服中国之后为了有效地维持统治,必须作出调整。久而久之,蒙古人也被中国文化和社会所同化,尽管人数不及女真人多。

　　公元 13 世纪,蒙古人打败女真人并入侵中国北部时,他们依旧喜欢骑马、打猎,极为好战,以与蒙语部落贵族建立联盟为傲,但对佛教知之甚少,对儒家和道教更是一无所知。他们主要信仰萨满教,祭祀萨满教神灵,通过萨满教与上天沟通、祈祷,并预测未来。蒙古人信奉各种各样的神灵,包括强大的天神以及小巧却对人类命运有影响的神灵,对其他神的存在也将信将疑。他们供奉的万神庙表现了在帝国形成过程中,蒙古人对其他的宗教信仰十分宽容。虽然,蒙古人对定居民族文化传统没有兴趣,但却并没有对其进行极端的破坏,或将自己的信仰和价值观念强加给被征服民族。

　　在进入中国之后,蒙古人为了宣扬自己的传统文化,制定了很多政策。早期的政策几乎完全出自成吉思汗之手。在征战波斯和阿富汗过程中,成吉思汗目睹残酷的杀戮,感到十分悲痛,决定召

140

① （元）脱脱著,《金史》,1975 年,北京:中华书局,第 1684—1686 页。——译注
② 关于蒙古人,详见 David Morgan, *The Mongols*, Oxford, 1986; Luc Kwanten, *Imperial Nomads: A History of Central Asia, 500 - 1500*, Philadelphia, 1979。尽管存在一定问题,但是陆宽田(Luc Kwanten)的著作为我们认识中亚游牧民族与草原环境之间的关系提供了很多参考。

唤长春真人来到他的大营。他发出一封充满赞美之辞的信，将他的要求告诉长春真人，提到作为统治者责任重大，为了保持帝国的稳定，需要有良士相助。[①] 起初，长春真人并没有接受成吉思汗的邀请，最终还是同意启程前往。公元 1222 年，长春真人在阿富汗和撒马尔罕数次与成吉思汗会面。成吉思汗最关心的是从长春真人那里获得长生不老的秘诀，尽管未能满足成吉思汗的愿望，但长春真人还是赢得了他的喜爱和赏识。成吉思汗慷慨地赏赐了长春真人，并将他的学说以汉语和蒙语记载下来。但是，令人遗憾的是成吉思汗认为长春真人的学说十分神秘、艰涩难懂，没有广泛推广，所以长春真人的思想没有被完全保留下来。[②]

成吉思汗对道教的兴趣开启了佛教与道教的激烈论战，这场论战也为蒙古人统治中国带来极大不便。长春真人东归后被任命掌管天下道门，包括佛教、聂斯托里派基督教、道教以及其他教派。此事激怒了佛教徒，他们认为长春真人为了吸引人改宗道教而窃取了佛教财产。佛教和道教在教义和宗教财产方面产生了激烈冲突。公元 1255—1258 年，成吉思汗继承者蒙哥汗和忽必烈也卷入其中，让这场冲突达到了高峰。这一时期，对蒙古人更有吸引力的是提倡众生平等的佛教，并非中国传统的儒家和道教，因为中国传统文化认为汉人优于游牧民族，将游牧民族视为蛮夷。在一场辩论中，蒙哥汗虽然认可道教、儒家、聂斯托里派基督教和伊斯兰教等学说，但认为佛教更具有吸引力，他将佛教比作手掌，将其他宗

----

① 译者按：成吉思汗遂派遣侍臣刘仲禄恭请长春真人。刘仲禄带虎头金牌，其文曰："如朕亲行，便宜行事。"详见（元）李志常著，党宝海译注，《长春真人西游记》，石家庄：河北人民出版社，2001 年，第 6 页。

② 关于成吉思汗和长春真人对话的法文译本，详见 Edouard Chavannes, "Inscriptions et pieces de chancellerie chinoise de l'époque mongole," in *T'oung Pao*, 1908, pp. 297 - 308。关于长春真人的记载，详见 Li Zhichang, *The Travels of an Alchemist*, trans. A. Waley, London, 1931；引文详见，E. Bretschneider, *Mediaeval Researches from Eastern Asiatic Sources*, 2vols, New York, 1967, vol. 1, pp. 37 - 39。译者按：也可参见（元）李志常著，党宝海译注，《长春真人西游记》，石家庄：河北人民出版社，2001 年。

教比作手指,认为佛教是其他宗教的源泉。

　　忽必烈统治期间(公元 1260—1294 年),蒙古统治阶层的文化选择不断扩大。忽必烈开始遵循儒家传统礼仪,并接纳了上层的汉人知识分子;他虽然不喜欢道教,但为了赢得大众对其统治的认可,也资助兴建道观,但相比之下,忽必烈更为崇佛。在继位之前,他就在佛教与道教的争论中支持佛教,并且赞赏佛教徒为宣扬他的统治合法性所作出的努力。同时,忽必烈不仅保护穆斯林,将很多穆斯林招募到政府中,而且也关注基督教徒的利益,在与马可·波罗等人的交谈中还提到将会有很多臣民改宗基督教。忽必烈设法让文化政策服务于政治意图,作为一个辽阔、具有多元文化和语言的蒙古帝国的皇帝,他设法赢得各个民族的尊敬,为了避免产生冲突,尽量照顾和保护每个民族的文化传统。①

142

　　在各种亚洲宗教中,佛教,尤其是西藏喇嘛教,从蒙古统治中获益最多。喇嘛教深受密宗影响,宗教仪式中充满各种性仪式,并且对巫术情有独钟。由于喇嘛教类似萨满教文化,所以蒙古人对喇嘛教文化极为热心。蒙古人几乎从不关注基本的佛教教义,反而出于政治目的,认为萨满教传统更具吸引力。为了赢得蒙古统治者的欢心,西藏王公将蒙古可汗奉承为佛教徒共同遵奉的皇帝,与蒙古统治者保持密切的关系,增添蒙古统治的合法性。喇嘛教徒甚至将蒙古可汗与菩萨相提并论,视他们为释迦牟尼的转世,而他们得到的回报就是换取蒙古统治阶层对喇嘛教文化的长期支持。喇嘛教在草原地区迅速发展,取代了蒙古传统的萨满教。可以说,直到公元 16 世纪时,蒙古人都不关心佛教和其他异域文化传统。蒙古人接受喇嘛教,说明被征服的定居地区的宗教传统吸引蒙古人改宗,并为其所用。②

① Morris Rossabi, *Khubilai Khan*: *His Life and Times*, Berkeley, 1988, pp. 37 - 43, pp. 131 - 176.

② Ibid. , pp. 37 - 43, pp. 142 - 146; W. Heissig, *The Religious of Mongolia*, trans. G. Samuel, London, 1980.

尽管蒙古人不喜欢儒家学说，但儒家学说并非毫无益处，契丹贵族耶律楚材（公元 1189—1243 年）就是一个很好的例子。[①] 耶律楚材出生于金代今北京附近，接受正统的儒家教育，在金朝任职。像其他官员一样，耶律楚材在蒙古征服中国过程中饱受磨难。在那三年时间中，他潜心佛教以求安慰。直到公元 1218 年，当成吉思汗将他招进朝廷时，他才进入公众视野。在之后的二十年中，他先后任秘书官、中书令，成为成吉思汗和后继者窝阔台可汗的心腹之臣。耶律楚材通过各种方式缓解蒙古在中国的统治困境。例如在公元 13 世纪 30 年代，他阻止灭金的蒙古人将汉地为牧场，并力倡建立赋税制度，窝阔台采纳了他的建议，税收前景也十分乐观。这让他声名鹊起，步步高升。

耶律楚材经常维护儒家传统文化的利益，帮助过很多儒生免遭蒙古统治者惩罚和迫害，其中就包括孔子第 51 代嫡系子孙；同时，他还吸纳一些人入朝为官为蒙古人服务，其中有些人甚至还成为了蒙古王子的老师。除此之外，耶律楚材还恢复了被蒙古人废止的科举制。

但是，耶律楚材并没有完全使蒙古人汉化。在任职期间，他设法阻止蒙古人以游牧民族的方式统治中国。在窝阔台统治最后几年中，他遭到了政敌排挤，被驱逐出宫。当力主缓和的声音消失时，蒙古人开始实行激进的政策，不计后果地压榨汉人，掠夺资源。即便忽必烈统治时期——或许是蒙古人统治中国的顶峰时期，蒙古人与汉人的关系依旧紧张。马可·波罗坦率地指出："汉人憎恨可汗的统治，因为他任命鞑靼人，甚至撒拉逊人作为官员。他们的统治不会长远，因为他们像奴隶一样对待他们（汉人）。"[②]

不仅统治中国的蒙古人尊重亚洲定居文明的各种文化传统，接

---

① 关于耶律楚材的事迹，详见 Igor de Rachewiltz, "Yeh-lü Ch'u-ts'ai (1189 - 1243)：Buddhist Idealist and Confucian Stateman," in A. F. Wright and D. Twitchett, ed. *Confucian Personalities*, Standford, 1962, pp. 189 - 216。

② Marco Polo, *The Book of Ser Marco Polo*, vol. 1, p. 418.

受并为其所用,波斯地区的蒙古人也充分利用了伊斯兰教。公元
1253 年,蒙古王子旭烈兀离开蒙古首都哈拉和林,踏上征服阿巴斯
王朝的征程。公元 1258 年,旭烈兀推翻阿巴斯王朝,处死哈里发
并洗劫了巴格达,建立(统治)波斯地区的蒙古伊尔汗国。旭烈兀
及其继任者在中东地区立足,他们营造一种恐怖气氛。伊尔汗国
早期,他们迫害那些顽强抵抗的伊斯兰教组织,支持佛教在波斯的
传播,允许聂斯托里派基督教徒保持他们的信仰。

　　然而,公元 1295 年,伊尔汗国国王合赞(Ghazan)改宗了伊斯
兰教,很多波斯的蒙古人也纷纷效法。[1] 合赞改宗伊斯兰教的初衷
很大程度上是出于政治考虑,因为他需要当地穆斯林的支持,借以
反对伊斯兰教马木鲁克王朝对蒙古人的抵抗。即使改宗之后,合
赞仍关心、信仰萨满教。无论动机如何,合赞改宗伊斯兰教产生了
极大的文化影响,基督徒、犹太人和佛教徒由此惨遭迫害。一则叙
利亚文献记载,公元 13 世纪晚期—14 世纪早期,当聂斯托里派基
督徒失去伊尔汗国的支持时,大批穆斯林洗劫他们的教堂和家园,
对他们进行攻击,其中很多人被杀害和囚禁。[2] 同时,蒙古人迅速
被波斯伊斯兰文化同化。由于长期与突厥人相处,波斯地区的蒙
古人在公元 15 世纪时已经完全丧失自己的传统习性。

　　中国和波斯地区的蒙古人,都接受了被统治地区定居文明民族
的优秀文化传统。公元 13 世纪末,马可・波罗提到中国和波斯地
区的蒙古人刚开始都不与他族混居,但近些年来却发生了变化——

　　前所言者,乃真正鞑靼之生活及风习,然今日则甚衰微。　　145
盖其居留契丹者染有偶像之积习,自弃其信仰。而居留东方者

---

① 关于波斯地区的蒙古人和蒙古人该宗伊斯兰教,详见 Morgan, *Mongols*, pp. 145 -
147。

② E. A. Wallis Budge, trans, *The Monks of Kublai Khan*, *Emperor of China*,
London, 1982, pp. 210 - 306.

则采用回教徒之风习也。①

蒙古人除了自身融合、吸收其他文化传统以外，还保护长途旅行者的安全，促进其他不同文化传统民族之间相互融合。尤其需要指出的是，很多中亚、中东和西欧等西部地区的人到中国旅行。王礼麟（公元 1314—1389 年）自幼生活在江西西部地区，为我们提供了大量有价值的信息。王礼麟通过对中国墓葬的研究发现，一些中亚和西域人接受了中国的丧葬传统。他指出在蒙古征服之前，西域人就经常出现在中国，从事各种活动。忽必烈时期，中国与欧亚大陆其他地区的联系日益密切。这里再次引用王礼麟的记载——

> 泊于世祖皇帝，四海为家。声教渐被，无此疆彼界。朔南名利之相往来。抵千里者，如在户庭，之万里者，如出邻家。于是西域之仕于中朝学于南夏，乐于江湖而忘乡国者众。岁久家成，日暮途远。尚何屑首丘之义乎。呜呼，一视同仁，未有盛于今日也。②

王礼麟的记载说明，蒙古时代很多来到中国西部地区的人十分喜欢中国，接受中国习俗，并被同化；但并非所有人都喜欢中国，例如元朝灭亡时，很多生活在中国的蒙古人，与契丹人、突厥人、阿兰人等重新回到草原地区。总体而言，现存大量史料表明很多长期生活在中国西部地区的外邦人，积极地接受中国的风俗习惯。③ 其

146

---

① Marco Polo, *The Book of Ser Marco Polo*, vol. 1, p. 263. 译者按：此处引文出自〔法〕沙海昂注，冯承钧译，《马可·波罗游记》，第 248 页。

② Chen Yüan, *Western and Central Asians in China under the Mongols: Their Transformation into Chinese*, trans. H. Ch'ien and L. Carrington Goodrich, Los Angeles, 1966, p. 252. (此处引文出自陈垣，《元西域人华化考·王礼麟原集卷六》，第 215 页。——译注)

③ 关于对此的研究，详见陈垣，《元西域人华化考》；L. 卡林顿·古德里奇（L. Carrington Goodrich）对陈垣《元西域人华化考》的书评，L. Carrington Goodrich, "Westerners and Central Asians in Yuan China," in *Oriente poliano*, Rome, 1975, pp. 1 - 21.

中一些人接受了道教及中国禅宗,也有一些受过教育的外邦人经常入朝为官,转向儒家传统。很多聂斯托里派基督教徒、伊斯兰教徒、佛教徒和摩尼教徒都研读儒家经典,并以此为荣。即便缺少正规指导,也有人考取进士,其中很多人有很深的文学造诣,有诗曰——

　　夫吾观昂夫之诗,信乎学问之可以变化气质也。昂夫西戎贵种,服旃裘,食湩酪,居逐水草,驰骋猎射,饱肉勇决,风俗固然也。而昂夫乃事笔砚,读书属文,学为儒生,发而为诗乐府,皆激越慷慨,流丽闲婉,或累世为儒者有所不及,斯亦奇矣。[①]

　　一些史料还显示了外邦人接受中国传统习俗的初衷,其中最具代表性的就是聂斯托里派基督徒雍古部人马祖常。早在公元11世纪末期,马祖常的先辈就来到中国,曾在辽和金入朝为官。马祖常以先辈接受儒家传统为荣——

　　懿矣我祖,百年于兹。衣冠之传,实为启之。世多王公,亦多华靡。惟不革俗,而忽其圮。[②]

147

马祖常在《石田集》饮酒诗中描述了他们家族的经历——

　　昔我七世上,养马洮河西。六世徙天山,日日闻鼓鼙。金室狩河表,我祖先群黎。读书百年泽,濡翼岂梁鹈。……吾生赖陶化,孔阶力攀跻。敷文佐时运,烂烂应壁奎。[③]

---

① Chen Yüan, *Western and Central Asians in China under the Mongols: Their Transformation into Chinese*, trans. H. Ch'ien and L. Carrington Goodrich, p. 132. 译者按:此处出自陈垣,《元西域人华化考》,第111页。
② 陈垣,《元西域人华化考》,第40页。——译注
③ 同上书,第40页。——译注

马祖常改宗新的文化让他的事业、家族与官方保持了密切联系。而出身穆斯林商人家族的丁鹤年（公元 1335—1424 年），其家族贸易在蒙古统治时期就遍及整个中亚。尽管他家世显赫，但仍虚心学习儒家经典，其姊月娥，亦富有才学。当被问及缘何如此之时，他提到："吾宗固贵显，然以文学知名于世者恒少，吾欲奋身为儒生，为家族增添荣耀。"元代灭亡（公元 1368 年）以后，他日渐消沉，沉迷于佛教，写作了很多表达他改宗佛教的诗词。

148

关于丁鹤年的史料少之甚少，无法详细解释他从伊斯兰教到儒家传统、佛教的漫长文化转变过程。丁鹤年显赫的家世，以及人们对其家族声誉的关注或许是其对儒家学说感兴趣的原因之一。他客观地对待儒家传统，写了很多颇具内涵的诗词，严格遵循儒家道德和价值观念，并与三个兄弟一起考取进士，后来改宗佛教，似乎是为了躲避敌人的迫害。从此以后，他沉醉佛教，将毕生精力投入到对佛教的研究中，至少与 31 名高僧保持密切联系，写作了很多表达他改宗佛教的诗词。其中一首清晰地表明丁鹤年完全改宗佛教——

秋月既虚明，禅心亦清净。心月两无污，迥然大圆镜。流光烛万物，万物咸鲜莹。倒影入千江，千江悉辉映。情尘苟不扫，倏忽迷真性。所以学道人，于此分凡圣。视身等虚空，无得亦无证。伟哉寒山翁，与汝安心竟。[1]

总而言之，马祖长、丁鹤年等文化改宗者的出现，主要是因为蒙古统治的和平环境，推动了人们长途旅行和密集的跨文化交流。蒙古人的统治为密集的跨文化交流奠定了基础，推动了文化传播和跨文化改宗。

149

但是，蒙古时代的跨文化改宗也有其局限性——虽然生活在中国的西亚和中亚人大多接受了中国文化传统，但中国人对西方诸

---

① 陈垣，《元西域人华化考》，第 46 页。——译注

民族的文化传统几乎没有任何兴趣。罗马天主教徒在中东和中国的传教，很好地说明了这一时期跨文化改宗也面临着巨大障碍。

四、十字军运动和传教士

这一时期，不仅在印度洋地区逐渐形成了密集的贸易和交流网络，游牧民族将亚洲的草原和开化地区纳入到其统治之中，而且欧亚大陆西部地区的发展让欧洲人比以前更深入地参与到了欧亚大陆的贸易和交流中。早期历史学家曾深入考察推动中世纪欧洲发展的经济、社会和技术基础，由此，现在的学者深刻地领会到欧洲农业、商业和军事发展——其中不少是由中东和亚洲的技术传播所触发——为中世纪十字军运动、长途贸易和其他大规模的探险活动提供了保障。[1] 这一时期，欧洲发起了著名的十字军运动，并设法将罗马天主教传播到亚洲。这里我们将主要考察公元1000—1350年间，欧洲向外扩张所引起的跨文化交流。

欧洲的扩张源于欧洲自身的发展。[2] 雄心勃勃的封建领主，怂恿对西班牙和西西里穆斯林国家发动"再征服运动"。罗马天主教会也对此给予强力支持，并设法传教。于是，欧洲人正式发动了旨在征服西班牙和西西里并将其基督教化的圣战。他们在西班牙和西西里，迫使被征服的穆斯林改宗基督教。这次战役开启了基督教徒对中东的大规模的十字军征服，促进了密集的跨文化交流，备受关注。

公元1031年，倭马亚王朝在西班牙科尔多瓦的统治瓦解。之后，孱弱的穆斯林统治者为基督教的扩张提供了良机。再征服运动将伊比利亚半岛纳入到基督教统治之中。在基督教徒征服的

150

---

[1] 关于对此的研究，详见 Robert S. Lopez, *The Commercial ReVolution of the Middle Ages*, Cambridge, 1976; Lynn White, *Medieval Technology and Social Change*, Oxford, 1962. 将欧洲置于整个欧亚大陆地区进行考察，详见 Abulughod, *Before European Hegemony: The World System*, *A. D. 1250 - 1350*, New York, 1989。

[2] J. R. S. Phillips, *The Medieval Expansion of Europe*, Oxford, 1988.

过程中,很多穆斯林和犹太人拒绝改宗,引发了激烈的文化纷争。再征服运动与突厥人在安纳托利亚的经历极为类似。再征服运动的发起者、信仰基督教的卡斯提尔人主要由坎塔布连山和巴斯克的牧羊人和农民组成。他们虽然不是游牧民族,但也没有形成城市社会,比科尔多瓦生活在城市中的人更加野蛮。与突厥人征服安纳托利亚一样,卡斯提尔人也以他们的信仰基督教作为思想武器。他们的目标不仅是要征服伊比利亚,还要让其彻底改宗基督教。

最近,涌现出了很多针对文化冲突的学术研究。[①] 生活在文化边界地区的人们,设法在文化边界两侧寻求发展的机会,有很多人改宗了对方的宗教传统。卡斯提尔人的基督教政权确立了对伊比利亚半岛牢固的统治,在征服瓦伦西亚之后就迫使穆斯林改宗基督教。公元 13 世纪中期,大约三十多名多明我修士在瓦伦西亚地区勤勉地传教,他们采取灵活的传教策略——针对穆斯林知识人士,他们大量借用被伊斯兰教文化阶层认可的亚里士多德学说;对其他穆斯林,则软硬兼施迫使他们改宗。在征服西班牙不久,他们151让改宗的穆斯林奴隶拥有人身自由。然而,基督教领主为了确保劳动力供应,却阻止穆斯林奴隶改宗,后来还让那些改宗不久的穆斯林奴隶继续为奴。即便如此,人身自由对于那些被非基督教领主奴役的奴隶仍有很大吸引力。由于基督教对伊比利亚社会的影响不断加强,随着伊比利亚社会不断基督教化,刺激穆斯林改宗的经济和社会诱因也逐渐消失。

---

① 关于这些研究,详见 Robert I. Burns, *Muslims, Christians, and Jews in the Crusader Kingdom of Valencia*, Cambridge, 1984; "Journal from Islam: Incipient Culture Transition in the Conquered Kingdom of Valencia (1240 - 1280)," in *Speculum* 35, 1960, pp. 337 - 356; "Renegades, Adventurers, and Sharp Businessmen: The Thirteen Century Spaniard in the Cause of Islam," in *Catholic Historical Review* 58, 1972, pp. 341 - 366; Angus MacKay, "Religion, Culture, and Ideology on the Late Medieval Castilian Granadan Frontier," in Robert Bartlett and Angus MacKay eds. *Medieval Frontier Societies*, Oxford, 1989, pp. 217 - 243.

尽管没有详细考察,但西西里的经历与西班牙极为相似。^① 诺曼统治者征服西西里岛屿之后,为了鼓励人们改宗基督教恩威并施。西西里面积较小,地理统一,文化改宗比安纳托利亚和西班牙更为快捷。穆斯林朝圣者和旅行者伊本·朱拜尔(Ibn Jubayr)提到,在公元 12 世纪末期,西西里出现了大量改宗者,一些穆斯林迫于政治压力改宗基督教,也有人由于改宗而引起了激烈家庭纷争。无论出于何种缘由,大量改宗者出现在特拉帕尼地区,那里残存的穆斯林担心他们的群体将会迅速消失,那些虔诚的穆斯林则竭尽全力维护他们的信仰。伊本·朱拜尔为了确保女儿不改宗基督教,设法将她嫁给一个即将前往格拉纳尔王国的穆斯林小伙子。^②

在西班牙和西西里地区,强大的政治和军事压力迫使人们改宗基督教,但是整个地区彻底的文化和社会转变却经历了很长时间。公元 13—14 世纪,西班牙地区的伊斯兰教组织和阿拉伯语面临着巨大的压力;公元 15—16 世纪,那里的穆德哈尔(Mudejar Society)穆斯林社会,再也无法抵挡基督教化的趋势。伊本·朱拜尔在西西里停留的三个月中,那里的局势非常混乱,既有很多人改宗基督教,也有伊斯兰教徒进行抵制,甚至公开地遵循伊斯兰教信仰。更令人惊讶的是,在威廉二世(William II)的宫廷中,他发现很多人名义上改宗基督教,实际仍秘密遵循伊斯兰教,一些仆人、侍从、管家甚至大臣仍旧在斋月期间进行斋戒、施舍,甚至为被俘的穆斯林辩解,朗诵伊斯兰教祷文。伊本·朱拜尔还特意提到一个诺曼宫廷的侍从。他迫切地向伊本·朱拜尔打探去麦加朝圣的情况,并说道——

152

① David S. H. Abulafia, "The End of Muslim Sicily," in James M. Powell, ed. *Muslims under Latin Rule, 1100 - 1300*, Princeton, 1990, pp. 103 - 133; Benjamin Z. Kedar, *Crusade and Mission: European Approaches toward the Muslims*, Princeton, 1984, pp. 42 - 57.

② Ibn Jubayr, *The Travels of Ibn Jubayr*, trans. R. J. C. Broadhurst, London, 1952, pp. 357 - 360.

我们要勇敢地坚持伊斯兰教信仰,但为了人生安全必须学会掩饰,坚持对神的膜拜,秘密履行我们的宗教责任。同时,要与我们身上的枷锁"异教徒"划清界限。我们十分高兴遇到像你这样的朝圣者,非常想让你们为我们祷告,当看到朝圣者为我们带来圣地的珍贵物品时感到十分欣慰,我们将这些物品当做圣物,一直带到墓地(作为来世的礼物)。

伊本·朱拜尔十分同情这个同伴,告诉他朝圣的故事,并将自己从麦加带来的一些物品赠予了他。[1]

如果说在被基督教征服的西班牙和西西里地区,改宗和社会转变的过程极为缓慢,而在耶路撒冷、安条克和埃德萨的十字军国家中,基督教几乎没有引起多少文化改宗。[2] 一些编年史和文献提到改宗基督教的穆斯林在十字军中服役,但基督教领主对其十分厌恶,这说明这些穆斯林奴隶是为了获得自由才改宗的。正如其他地区宗教一样,十字军王国中早期改宗基督教的人大多来自高、低两个社会阶层,他们想在新的社会环境中保持现有的地位,或利用新环境改善自己的境遇。

当然,也有一些改宗者真正从心里和道德情感方面接受了新的宗教传统。阿拉伯人吴萨麦·伊本·穆昆德(Usamah Ibn Munqidh)记载了他的父亲收留一对被俘的基督教母子的故事。后来,这个孩子改宗了伊斯兰教,经常做祷告、履行斋戒,学习打磨石头,最后娶了一位穆斯林媳妇,并生有两个孩子。在他最小的儿子五六岁的时候,他携家带口参加了十字军,并同他的儿子在服役的军队中改宗了基督教。吴萨麦并未提到他是为了生存,还是真正接受基

153

---

[1] Ibn Jubayr, *The Travels of Ibn Jubayr*, trans. R. J. C. Broadhurst, London, 1952, pp. 338 - 360, pp. 304 - 343, pp. 357 - 358. 引文出自第 342 页。

[2] Kedar, *Crusade and Mission*, pp. 74 - 85; "The Subjected Muslims of the Frankish Levent," in James M. Powell ed. *Muslims under Latin Rule*, 1100 - 1300, Princeton, 1990, pp. 135 - 174.

督教,只以一句"安拉将这些人净化出了世界!"来宽慰自己。[1] 他们的改宗无疑有社会、经济以及家庭方面的因素,但毋庸置疑的是,孩提时代的基督教信仰促使他再次转向了基督教。无论出于何种认识,不可否认的是,在十字军国家中有一些人真正发自内心接受了基督教。当然,在黎凡特和中东地区从未发生过大规模改宗基督教的事件。

十字军运动比基督教传教士招募了更多伊斯兰教徒。与其他跨文化冲突一样,十字军运动为那些有志改宗异域文化信仰的人提供了机会。穆斯林士兵叛逃加入十字军,反之亦然。萨拉丁的英雄气概和勇敢作为对那些想加入穆斯林的基督教徒有着强烈的吸引力,英国基督教教会法学家圣阿尔本兹的罗伯特(Robert of St. Albans)就是一个例子。公元 1185 年,罗伯特改宗伊斯兰教,加入萨拉丁军队,并娶了萨拉丁孙女为妻。有时,基督教徒是被迫或在军事威胁下改宗伊斯兰教。例如在围攻阿卡城(公元 1189—1191 年)期间,很多基督徒落荒而逃,饱受饥荒和疾病折磨;有些人返回家乡,有些人坚持基督教信仰生活在穆斯林周围,也有很多人改宗伊斯兰教。总体而言,大量到达东部地区的基督教徒都设法加入伊斯兰教。当时有人估计,仅开罗就多达 25000 名基督教徒改宗![2]

无论存在多少促使基督教徒改宗的伊斯兰教诱因,比较确定的是欧洲十字军被黎凡特文化同化,经历了文化转变的过程。很多史料对此都有所提及,萨特尔的富尔彻(Fulcher of Chartres)的记载值得我们关注。富尔彻是布伦的鲍德温(Baldwin of Boulogne,耶路撒冷的第一位十字军国王)的教士,详细记载了第一次十字军运 154

---

[1] Usamah Ibn Munqidh, *An Arab-Syrian Gentleman and Warrior in the Period of the Crusades: Memoirs of Usamah Ibn-Munqidh*, trans. P. K. Hitti, New York, 1929, p. 160.

[2] T. W. Arnold, *The Preaching of Islam*, 2nd ed. London, 1913, pp. 89 - 96; Norman Daniel, *The Arabs and Mediaeval Europe*, 2nd ed. London, 1979, pp. 195 - 232.

动。富尔彻在一则公元 1126 年(或公元 1127 年,大约十字军到达东部地区的第三十年)的记载中,提到了明显的文化转变——

> 现在我们从西方人变成东方人。罗马人、法兰克人在这片土地上变成了加利利人、巴勒斯坦人。兰斯人、萨特尔人现在成为推罗、安条克的市民。我们已经忘记了家乡,对家乡一无所知,也从不提及。一些人已经有了住处和家庭。有些人的妻子不仅是当地人,还包括受过洗礼的叙利亚人、亚美尼亚人,甚至撒拉逊人……人们使用各种语言交谈,甚至还讲各地的方言。不同的语言文字被每一个民族熟知,共同的信仰维系着不同出身的人……外邦人如同当地人一样,毫无区别。①

吴萨麦的记载比富彻尔大约晚半个世纪,但却基本相似。他提到刚到达的十字军与长期生活在东部地区的十字军有着明显差异:"那些来自法兰克地区的十字军战士比那些已被同化、长期生活在穆斯林周围的十字军战士更加粗暴。"还列举了他们很多鲁莽之举。除此之外,吴萨麦特别记载了一个早期追随十字军征服叙利亚的无名骑士。这个骑士与当地穆斯林人关系和睦,并被伊斯兰文化同化。他特地定制了一张优雅的饭桌,与穆斯林一同进餐。为了照顾穆斯林的饮食习惯,专门雇佣埃及妇女充当厨师,而且他也不再吃法兰克食物;餐后,他又为了保护吴萨麦的仆人免受法兰克人的侵犯而惹上了麻烦,因为法兰克人指责此人杀了一名基督教徒。②

最后一位亲历者是雅克·德·维特里(Jacques de Vitry)。他在叙利亚和埃及生活了将近十年,公元 1216—1228 年曾担任阿

---

① Fulcher of Chartres, *A History of the Expedition to Jerusalem*, *1095 - 1127*, trans. F. R. Ryan, ed. H. S. Fink, New York, 1973, pp. 270 - 272。

② Ibn Munqidh, *An Arab-Syrian Gentleman*, pp. 163 - 164, pp. 169 - 170。引文出自第 163 页。

卡主教。到达阿卡不久（公元1216年末，或1217年初），雅克在一 155
封信中提到那里的人极为糟糕，对那里的情况十分失望。雅各教
派①、聂斯托里派、亚美尼亚人和其他基督教徒履行的宗教仪式与
罗马教会差异极大，很多西方人遵行东方的生活方式，已经完全被
同化，其中最令人失望的是苏利安（Suriani）和普兰（Pullani）人。苏
利安人是指长期生活在穆斯林人中，忘记自己信仰和文化的西方
人。这些人在圣礼中使用发酵的面包，允许神父结婚，接受东正教
仪式，并让他们的女儿带面纱。普兰人是指生活在圣地巴勒斯坦
具有一半西方血统的人，他们大多是十字军战士与当地妇女的私
生子，从未被当作基督徒。他提到他们从不签订婚约，不知上帝，
贪婪成性，奢华浮躁。② 公元1225年，雅克带着些许焦虑返回欧
洲，公元1228年辞去了阿卡主教职务。

　　富尔彻、吴萨麦和雅克这三位亲历者从不同角度，说明了西方
人进入伊斯兰社会后所发生的变化。正如西班牙和西西里那样，
面对大量的本土穆斯林和巨大的军事压力，基督教徒别无选择，要
么选择适应伊斯兰社会文化，要么返回欧洲。那些生活在穆斯林
周围的基督徒学习当地语言，迎娶当地配偶，遵守当地饮食禁忌。
即使他们没有改宗伊斯兰教，至少选择容忍适应。总体而言，大部
分基督教徒还是接受、改宗了异域传统文化的伊斯兰教。

　　无论效果如何，西班牙、西西里和中东地区基督教的传播主要
依赖于稳定的军事和政治支持。然而，在偏远地区，基督徒并没有
这些后盾。他们预期的基督教改宗也没有实现。基督教的传教经
历展现了公元1000—1350年间跨文化交流的动力，值得我们仔细
探讨。其间，罗马天主教会向波斯、埃塞俄比亚和印度等地派遣了 156
大量传教士，尤其在蒙古人统治期间还向中国派遣了一些传教士。

---

① 公元6世纪，雅各·巴拉丢（Jacob Baradaeus）在叙利亚创立雅各学派。该学派继
　承基督一性说传统。——译注
② Jacques de Virty, *Letters de Jacques de Virty*, ed. R. B. C. Huygens, Leiden,
　1960, pp. 79 - 97.

与其他地区的传教活动相比,基督教在中国传教的史料更为完善和充分,所以我们将重点考察中国的基督教传教士。[①]

中世纪教会向亚洲派遣传教士,不仅希望异教徒改宗基督教,而且希望东方与罗马教会之间建立政治联盟。这些传教士也扮演着政治联盟的文化信使的角色。一方面,罗马教廷希望蒙古人彻底改宗,使基督教王国免遭蒙古人劫掠;另一方面,罗马教廷希望赢得蒙古的政治和经济支持,让他们加入基督教阵营攻打中东的阿拉伯人和突厥人。传教士费尽心机,但并未吸引多少蒙古人改宗。尽管他们在中国建立的罗马天主教会不久之后就消失了,但在其他地区却赢得了很多支持。

向中国派遣传教士的想法出自教皇英诺森四世(Innocent IV)。公元1240年,英诺森四世对蒙古入侵匈牙利和今俄罗斯地区感到十分担忧,因此派遣了很多富有外交经验的传教士前往蒙古表明罗马的政治态度。公元1245年,圣方济各会传教士柏朗嘉宾(Piano Carpini)及其同伴波兰本尼迪克特修士(Benedict the Pole)[②]前往蒙古,目的是使可汗改宗基督教、并与蒙古结盟。贵由可汗拒绝了他们的提议,并且要求教皇臣服于蒙古人。柏朗嘉宾失望而归,但收集了大量关于蒙古风俗的信息,这些信息后来在欧洲十分受欢迎。[③]公元1245—1251年间,多明我修会传教士至少又出使

---

① 关于对此的研究,详见 Jean Richard, *La papauté et les missions d'orient au moyen age*, Rome, 1977; Igor de Rachewiltz, *Papal Envoys to the Great Khans*, Stanford, 1977。最近的研究成果,详见 Phillips, *Medieval Expansion of Europe*, pp. 57 - 140。主要文献资料的收集,详见 A. van den Wyngaert, ed. *Sinica franciscana*, 3 vols. Florence, 1929 - 1936; Henry Yule and Henri Cordier, eds. *Cathay and the Way Thither*, 2nd ed. 4 vols., London, 1913 - 1916。

② 〔法〕贝凯、韩百诗译注,耿昇译《柏朗嘉宾蒙古行纪》中提到:"柏朗嘉宾在1245年从波兰携带了班努瓦(Benoît)教友同行,并充任自己的翻译。"此处译为"班努瓦",详见〔法〕贝凯、韩百诗译注,耿昇译,《柏朗嘉宾蒙古行纪》,北京:中华书局,2002年,第11页。——译注

③ 关于柏朗嘉宾的传教事迹,详见〔法〕贝凯、韩百诗译注,耿昇译,《柏朗嘉宾蒙古行纪》,北京:中华书局。——译注

蒙古四次，但毫无效果，教皇和可汗都不认可彼此的权威，双方没有任何结盟的可能性。

虽然外交活动失败了，但蒙古与基督教的交流却没有终止。公元 13 世纪中期—14 世纪中期，前往蒙古和中国的福音派和天主教传教士主要进行传教活动，不再过问政治事务。公元 1253—1255 年，圣方济各会修士鲁布鲁克的威廉（William of Rubruck）第一次出使。由于他严苛古板、不知变通，这次出使并未取得成功，但是他详细记述了蒙古帝国的风貌。他在蒙古首都哈拉和林不仅见到了阿兰人、格鲁吉亚人、亚美尼亚人、波斯人、突厥人、中国人，也遇到了斯拉夫人、希腊人、日耳曼人、匈牙利人以及几名英国人和法国人，其中包括为可汗设计了著名的银色喷泉的巴黎雕塑家纪尧姆·鲍彻（Guillaume Boucher）。①

鲁布鲁克出使之后，蒙古与基督教之间的官方交流就此中断。公元 1287 年，波斯伊尔可汗阿鲁浑（Arghun）派遣突厥人聂斯托里派基督教徒拉班·扫马（Rabban Sauma）出使罗马，再次恢复了接触。② 阿鲁浑设法与基督教建立联盟，以谋求他们帮助自己征服耶路撒冷地区，打击中东伊斯兰教的政治势力。此次出使的目的并未完成，伊尔可汗后来也改宗了伊斯兰教，与基督教建立联盟也几无可能。但是，土生土长于汗八里（今北京）的拉班·扫马再次引起了人们对于蒙古和中国罗马教会的关注。拉班·扫马广泛游历拜占庭帝国、意大利和法兰西，并且与罗马教会的教皇和红衣主教建立了良好的关系。由于他的成功访问，教皇决定在亚洲重建罗马教会。拉班·扫马离开欧洲两年之后，即公元 1290 年，圣方济

---

① 关于鲁布鲁克传教事迹，详见〔美〕柔克义译注，何高济译，《鲁布鲁克东行纪》，北京：中华书局，2002 年。——译注

② 关于拉班·扫马的出使，详见 Budge, *Monks of Kublai Khan*；Montgomery, *History of Yaballah*，III。最近的研究，详见 Morris Rossabi, *Voyager from Xanadu：Rabban Sauma, First Eastern Emissary to the West*, Berkekey, 1992。（中文译本详见朱炳旭译，《拉班·扫马和马克西行记》，郑州：大象出版社，2009 年。——译注）

各会蒙高维诺的约翰（John of Montecorvino）到达中国，受命管理中国的基督教教众。公元 1307 年，他被任命为汗八里大主教，并于公元 1328 年去世。蒙高维诺促进了中国罗马天主教繁荣发展，赢得了广泛的尊敬和赞誉。14 世纪早期，大量圣方济各修会修士随他而来，他们在泉州（马可·波罗称之为"刺桐"）、杭州和扬州等地形成了基督教徒聚集区。最后一位著名的使者，是蒙高维诺的继任者马利诺利的约翰（John of Marignolli）。他于 1342 年来到汗八里，任期大约三年，由于元代末期发生动乱，于 1345 年离开中国。

与政治外交目的相比，福音派和天主教传教士的传教取得了更大成功，在中国建立了一些罗马天主教组织和基督教群体。实际上，这些传教活动并未吸引多少人改宗基督教。蒙古人和汉人对基督教几乎毫无兴趣，而且聂斯托里派基督徒对罗马教会充满猜忌和敌意。中国罗马天主教会中最主要的成员还是来自欧洲的贸易者，以及其他来到中国之前就改宗罗马天主教和东正教的人，例如阿兰人等。总而言之，蒙古帝国造就了欧亚大陆各个地区的交流，人们通过长途贸易和旅行来到中国，形成了各种流散的群体。而罗马天主教主要满足了这种流散群体的宗教需求，并没有像佛教那样成功地使各类流散群体融入到中国社会。元代末期，当这些流散群体消失时，罗马天主教也从中国绝迹了。

蒙古大汗不仅资助首都汗八里的聂斯托里派基督教、佛教徒，还资助罗马天主教等其他宗教团体。一方面这是由于蒙古人对外来宗教十分宽容，另一方面是出于维护统治的需要，可汗的政治和经济支持可以防止异域宗教群体过分独立。当时，很多史料都提到了可汗慷慨资助汗八里的罗马天主教群体。[①] 但是，可汗从未打算改宗基督教，这仅是传教士的夙愿而已。如前所述，蒙古统治阶层十分认可

① 例如蒙高维诺在汗八里写的第二封信中就提到了这一点，详见 Dawson, *Mongol Mission*, pp. 224-227；佩鲁贾的安德鲁（Andrew of Perugia）记载他在汗八里和泉州依靠帝国的薪俸生活，同上书，第 235—236 页。多明我会的 John de Cora, "Book of the Estate of the Great Caan," in Henry Yule and Henri Cordier, eds. *Cathay and the Way Thither*, vol. 3, pp. 100-103.

喇嘛教,但在统治中国期间,无论是蒙古统治阶层还是普通蒙古大众都依旧固守萨满教传统,坚决抵制改宗任何定居民族的信仰。

罗马天主教传教士的最大遗憾是没有赢得中国聂斯托里派基督徒的合作和支持。如前所述,早期聂斯托里派基督徒在 7 世纪就从中亚来到中国,但历经唐武宗灭佛后,这些聂斯托里派基督教群体在 10 世纪末期大多消失殆尽。波斯内陆和中亚的聂斯托里派基督教堂被保存下来,这些地区的突厥人擅长书写,管理能力较强,经常充当中亚其他游牧民族的秘书、咨议者或大臣等。成吉思汗及其后继者招募了很多突厥裔聂斯托里派基督教徒入朝为官。公元 12 世纪之后,大量游牧民族迁徙到中国,这些突厥人也一同前往,因此聂斯托里派基督教徒重现中国。尽管此前的信徒和宗教典籍已不存在,这些后来的聂斯托里派教基督教徒仍在中国留下了大量遗迹,罗马天主教徒经常提到他们宏伟壮丽的教堂。①

罗马天主教传教士刚来到中国时,就与聂斯托里派基督教徒发生冲突。鲁布鲁克提到聂斯托里派基督教徒无知、不讲道德、腐化、酗酒,甚至没有异教徒和蒙古人干净,指责他们一夫多妻,遵循伊斯兰教斋戒,他们的教士讲晦涩的叙利亚语。鲁布鲁克严厉斥责一个在哈拉和林聂斯托里派基督教群体中最有学识的教士,因为这位教士宣扬一则摩尼教教义:"魔鬼用尘世的泥土塑造了人体,之后上帝才给予其生命气息。"②鲁布鲁克还遇到了另外一个相信"转世轮回"的聂斯托里派基督教徒。③ 鲁布鲁克毫不妥协、缺乏外交策略的传教方法,与聂斯托里派基督教的冲突不可避免。即使

① 关于考古遗迹,详见 P. Y. Saeki, ed, *The Nestorian Documents and Relics in China*, 2nd ed, Tokyo, 1951, pp. 429 - 439; A. C. Moule, *Christians in China before the Year 1550*, London, 1930, pp. 78 - 93。关天主教徒的记载,详见 John de Cora, "Book of the Estate of the Great Caan," in Henry Yule and Henri Cordier, eds. *Cathay and the Way Thither*, vol. 3, pp. 101 - 102。

② 关于这场争辩,详见〔美〕柔克义译注,何高济译,《鲁布鲁克东行纪》,第 294—302 页。——译注

③ 关于此事的记载,详见 Dawson, *Mongol Mission*, pp. 144 - 145, pp. 173 - 180, p. 192。

是在汗八里功绩卓著、备受爱戴的主教蒙高维诺与聂斯托里派之间也存在很多隔阂。1305 年 1 月，他在写给罗马教皇第二封信中提到聂斯托里派基督教徒阻止其他教义的传播，污蔑他们都是间谍、说谎者和坏人，并提到在汗八里 12 年间为大约 6000 人施行洗礼，假如没有那些邪恶的聂斯托里派基督教徒的阻挠，估计接受洗礼的人数将达到 30000 多人。一个蒙高维诺仰慕者提到，如果没有聂斯托里派基督教的敌意和反对，蒙高维诺会让这个地区的人都改宗。①

但这仅是一种臆想，大量史料表明罗马天主教传教士几乎没有吸引多少人真正改宗基督教，在他们周围的都是因为各种原因才倾向于西方基督教生活方式的群体。例如，鲁布鲁克提到在哈拉和林短暂的旅居中为 6 个人施行洗礼，其中 3 个是生活在那里的日耳曼奴隶的孩子。② 在中国南部地区，罗马天主教会主要满足西方贸易商人和其家人的宗教需求。佩鲁贾的安德鲁（Andrew of Perugia）提到一位富裕的亚美尼亚妇女在泉州建立了一座圣方济各会教堂，而在蒙古统治时期，泉州是中国南部最重要的贸易城市。他承认即使在泉州积极地传教，他和他的同伴都没有从犹太人和伊斯兰群体中吸收多少人改宗。他提到曾为很多"偶像崇拜者"施洗，但问题关键在于这些人改宗的程度，"虽然他们接受了洗礼，但并没有严格遵循基督教规范"③。在南方另外一个重要的贸易城市扬州，1951 年发掘的一处遗迹说明了这些贸易群体的重要性。其中一座墓碑也是中国罗马天主教最早的实物证据，上面的铭文译为汉文如下——

以主的名义，阿们，这里卧着（埋葬着）喀德邻，维利翁尼的故（过去的）多密尼先生（主人）的女儿。她卒于主的（耶稣的）

① Dawson, *Mongol Mission*, pp. 224 - 225; John de Core, "Book of the Estate of the Great Caan," in Henry Yule and Henri Cordier, eds. *Cathay and the Way Thither*, vol. 3. pp. 100 - 102.
② Dawson, *Mongol Mission*, p. 201, p. 206.
③ Ibid. , pp. 236 - 237,引文出自第 237 页。

纪元一千三百四十二年六月。[①]

喀德邻（Catherine）应是威尼斯或热那亚商人多密尼·维利翁尼（Dominic de Viglione）的女儿。[②] 从墓碑上的铭文可以看出喀德邻和多密尼·维利翁尼在当地罗马教会群体中颇受尊重，以及他们曾慷慨地资助当地的教堂。[③]

中国早期罗马天主教中，最成功的一任主教是汗八里第一位主教蒙高维诺。蒙高维诺工作勤奋、待人和善，在蒙古都城享有很高声誉。他做了大量传教工作，将《新约》和《圣诗集》翻译成突厥语，为汗八里的基督教徒建立了三座教堂，并收养了 40 名奴隶的孩子，为他们洗礼，将其培养成基督徒，还教他们拉丁语，让他们用外语唱圣歌。蒙高维诺甚至邀请元成宗铁穆耳改宗基督教，遭到了拒绝，但却赢得了可汗对天主教慷慨的支持。他为大约 6000 多人施行洗礼，其中包括在天德（Tenduc）[⑤]极富权势的聂斯托里派教基督徒突厥王子阔里吉思

图 8　扬州拉丁字（喀德邻）墓碑第一号[④]

161

[①] 关于墓碑的译文，详见夏鼐：《扬州拉丁文墓碑和广州威尼斯银币》，《考古》，1979 年，第 6 期，第 532 页。——译注

[②] 关于墓主考证，详见夏鼐：《扬州拉丁文墓碑和广州威尼斯银币》，《考古》，1979 年，第 6 期，第 533 页。——译注

[③] Francis J. Rouleau, "The Yangchow Latin Tombstone as a Landmark of Medieval Christianity in China," in *the Harvard Journal of Asiatic Studies* 17, 1954, pp. 346 - 365; Racewiltz, *Papal Envoys*, p. 182, p. 203.

[④] 图片来源：详见夏鼐：《扬州拉丁文墓碑和广州威尼斯银币》，第 533 页。——译注

[⑤] 马可·波罗提到："天德（Tenduc）是向东之一州，境内有环以墙垣之城村不少，主要之城名曰天德。隶属大汗，与长老约翰之一切后裔隶属大汗者同。"详见〔法〕沙海昂注，冯承钧译：《马可·波罗游记》，第 265 页。——译注

(George)①。天德地区很多人都改宗基督教，建立天主教堂。蒙高维诺的同事布拉泽·佩里格林(Brother Peregrine)后来又夸张地提到阔里吉思成为了一名狂热的罗马天主教徒，在蒙高维诺周围有30000多名阿兰人基督教徒等。②

中国杰出学者陈垣对阔里吉思改宗进行了详细考证。阔里吉思"初信聂思脱里派之基督教，遇蒙哥未诺(蒙高维诺)，始改信罗马派，尤笃儒术；兴建庙学，衷集经史；建万卷堂于私第，讲明义理……与诸儒讨论经史"③。考古发现也证实了陈垣的研究。阔里吉思的都城不仅有聂斯托里派基督教和罗马天主教教堂，还有儒家庙宇和藏书馆。阔里吉思的墓冢也采用中国传统的方式。④ 这就显示阔里吉思并未完全接受罗马天主教，极有可能是用罗马天主教制衡聂斯托里派基督教的政治权势。但是，阔里吉思改宗之后不久就去世了，聂斯托里派基督教重新确立了主导地位。总而言之，阔里吉思改宗天主教并未为罗马传教士带来多少实惠。

蒙高维诺不仅为阔里吉思等很多人施行了洗礼，还在汗八里吸引了很多阿兰人加入西方基督教。⑤ 高加索地区的阿兰人深受拜占庭影响，早就改宗东正教。公元13世纪早期，他们就与蒙古人

---

① 突厥王子阔里吉思即高唐王阔里吉思、《马可·波罗游记》所记佐治王。详见陈垣，《元西域人华化考》，第44—46页。——译注
② 详见蒙高维诺的两封现存信件，以及布拉泽·佩里格林的现存信件，详见 Dawson, *Mongol Mission*, pp. 222-234。
③ Chen Yüan, *Western and Central Asians in China under the Mongols: Their Transformation into Chinese*, trans. H. Ch'ien and L. Carrington Goodrich, pp. 53-57。(此处引文出自陈垣，《元西域人华化考》，第46页。——译注)
④ Namio Egami, "Olon-Sume et la découverte de l'église catholique romaine de Jean de Montecorvino," in *Journal asiatique* 240, 1952, pp. 155-167. 关于早期的考古报告，虽然不完善但也有借鉴意义，详见 Owen Lattimore, "A Ruined Nestorian City in Inner Mongolia," in Owen Lattimore, *Frontier History*, London, 1962, pp. 221-340。
⑤ Frank W. Iklé, "The Conversion of the Alani by the Franciscan Missionaries in China in the Fourteenth Century," in James B. Parsons ed. *Papers in Honor of Professor Woodbridge Bingham*, San Francisco, 1976, pp. 29-37.

结盟,蒙古人在帝国各地雇佣阿兰人制造铠甲、充当护卫。在汗八里的帝国卫队中大约有 30000 阿兰人。公元 13 世纪 50 年代,鲁布鲁克注意到阿兰人与聂斯托里派基督教不和。聂斯托里派教士坚持让阿兰人向基督教宣誓之前,必须重新接受洗礼。① 而罗马天主教比聂斯托里派基督教更易被认可和接受,所以阿兰人十分欢迎天主教传教士。阿兰人与蒙高维诺和汗八里的罗马教会关系十分密切。蒙高维诺死后第八年,即公元 1336 年,阿兰人请求教皇再派遣一个继任者。应阿兰人的请求,公元 1338 年 12 月圣方济各修会的马利诺利带领一个使团来到了汗八里。②

　　中世纪时期,罗马教会在中国进行的最后一次传教并没有产生什么影响。马利诺利经过横跨欧亚的长途行程,于公元 1342 年到达汗八里,但三年之后就离开了。这时,中国和中亚开始遭遇黑死病的严重侵扰。黑死病极大地破坏了欧亚大陆所有地区社会和经济的发展。公元 1368 年元代灭亡,中国农民起义领袖朱元璋建立明朝。蒙古人、阿兰人以及其他一些少数族群都离开了中国。罗马天主教群体在中国立刻失去了人们的支持。

　　可以说,罗马天主教会在中国第一次传教,仅是作为各种流散群体的宗教信仰。这些群体的成分很复杂,包括西方基督教徒、被蒙古人俘虏的西方人以及充当蒙古人侍卫的阿兰人等。这些外邦人来到中国,倾向于改宗罗马天主教,并排斥聂斯托里派基督教和其他异域文化。但是,天主教传教士并没有找到一种恰当的传教方式吸引蒙古帝国中的蒙古人和汉人。无论如何,公元 13 世纪—14 世纪,罗马天主教没有在亚洲社会扎根立足,所以当基督教徒在公元 14 世纪中期离开中国时,罗马天主教会旋即在中国荡然无存。公元 16 世纪,耶稣会传教士进入中国时,并没有发现早期罗

162

163

① Dawson, *Mongol Mission*, p. 110, p. 179.

② 关于马利诺利自传的内容,详见 Henry Yule and Henri Cordier, eds. *Cathay and the Way Thither*, 2nd ed. 4vols. London, 1913 - 1916, vol. 3, pp. 177 - 269; Rachewiltz, *Papal Envoys*, pp. 187 - 204。

马天主教在中国传教的任何遗迹。

五、蒙古时代的终结

　　中国元朝的灭亡和黑死病的爆发几乎同时发生。蒙古人在不经意间推动了这种疾病的传播，蒙古治下的和平和帝国便利的陆上交通，让人畜更易于传播细菌病毒。[1] 瘟疫病毒无论到哪里都给人们带来致命的威胁，其中中国、中东和欧洲的死亡率都非常高。当时，史料显示有些地区几乎有一半、三分之二、四分之三甚至个别地区有更多的人都遭遇瘟疫。历史学家无法精确地估算瘟疫的剧烈影响，但现存史料显示瘟疫的传播的确极大地破坏了遭袭击的民族地区的政治、社会、经济和文化秩序。

　　瘟疫造成的其他影响还包括劳动力急剧短缺、农业和手工业生产急剧下降以及经济停滞带来的政治和社会影响。此外，黑死病还打断了蒙古时代繁荣的跨文化交流。公元 14 世纪末期，虽然长途贸易尚未完全消失，但其规模急剧缩小。[2] 贸易和旅行的减少说明不同文化之间各民族交往逐渐萎缩。同时，瘟疫的传播在一定程度上还影响了文化发展，瘟疫引发人们自我反省，从自己的信仰和价值体系中寻找原因或慰藉，不再关注其他的文化传统。这样一来，到公元 14 世纪末期，跨文化交流就很少出现。

　　公元 15 世纪初期，瘟疫虽然不再肆虐，但并没有完全消失。欧亚大陆部分地区直到 20 世纪仍有瘟疫发生。但是随着欧亚大陆社会、经济和联系的恢复，瘟疫爆发的频率和危害都不及以前。新的跨文化交流已经初现端倪，这种跨文化交流的动力与之前有所不同，我们将在下一章考察公元 15 世纪的跨文化交流——这是一个世界各地的民族和文明第一次持续、长期的跨文化交流和全球联系的时代。

164

---

① William H. McNeill, *Plagues and Peoples*, Garden City, 1976, pp. 149 - 198.
② Abu-Lughod, *Before European Hegemony*, pp. 170 - 175, p. 183, pp. 352 - 373.

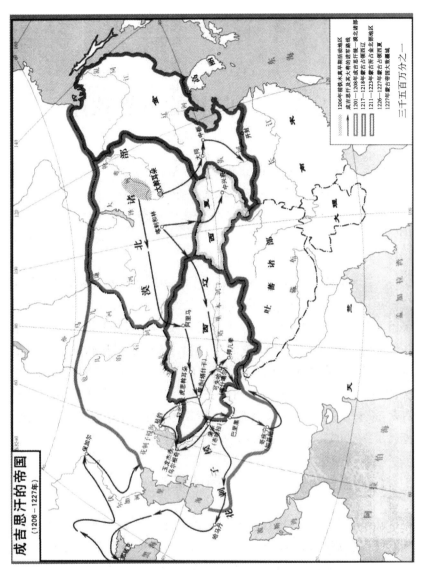

图9　蒙古帝国①

---

① 地图来源:张芝联:《世界历史地图集》,第70页。——译注

第五章　面向新的世界秩序

你无法想象那种险情，让你绝望不堪。

希望……继续向前……你的航行将一片通畅，

由于上帝的眷顾，这次航行将会让你获得荣耀和利益。[①]

——航海家亨利王子

黑死病的爆发为欧亚大陆带来了长达三个多世纪的破坏，甚至在一些地区已经发展成为流行病。直到公元 14 世纪中叶，非洲和欧亚大陆各民族之间的贸易和交流才变得密集，流行疾病的影响逐渐减弱。在流行疾病肆掠的半个世纪中，非洲和欧亚大陆开始逐渐复苏，各地文明之间重新建立了联系。公元 15 世纪早期，中国、伊斯兰和欧洲文明相继向外拓展。中国向印度洋的航行较早结束，没有引起长久的文化影响；伊斯兰和欧洲的扩张影响深远，造成了深刻的文化影响，可以说一直持续到今天。

一、中国的复苏

168　　黑死病在中国的出现与元朝瓦解几乎同时发生。当时，中国社会不仅瘟疫肆虐，而且蒙古贵族内乱，汉人反叛四起。公元 14 世纪 50 年代早期，局势不断恶化；到 60 年代时，中国已经完全陷入水深火热之中。公元 1368 年，蒙古人在中国的统治崩溃，返回草

---

① Gomes Eannes de Azurara, *The Chronicle of the Discovery and Conquest of Guinea*, trans. C. R. Beazley and E. Prestage, 2vols, London, 1896-1899.

原。明太祖朱元璋建立明朝（公元 1368—1644 年），局势得以恢复。

　　明朝早期的皇帝轻视蒙古人，加强对游牧民族的军事防御力量。明太祖和永乐皇帝朱棣（公元 1402—1424 年）力图取消民间私人贸易，将异域贸易纳入到朝贡贸易体系之中。虽然此举取得了一定效果，但作用甚微，且削弱了中国对外的影响力。然而，郑和下西洋扩大了中国对印度洋地区的影响。郑和七下西洋，先后到达印度尼西亚、东南亚、锡兰、印度、阿拉伯和东非等地，后来被朝廷终止，虽没有产生长期的影响，但也引起了密集的跨文化交流，这值得我们思考。①

　　在永乐皇帝支持下，郑和七下西洋从公元 1405 年持续到 1433 年。关于永乐皇帝的动机，有说法是为了寻找公元 1404 年被他罢黜皇位的侄子，但更有可能是为了加强帝国对海外贸易的控制，以及炫耀中国的威严和权威。郑和下西洋成功地展示了中国的经济和军事实力。每次远航都由庞大的舰队组成，有一次甚至超过了 300 艘，其中包括 63 艘巨大的九桅宝船——每艘能够装载 500 多人。这些船只满载丝绸、瓷器、漆器和其他手工业制品，到达中国南

169

① 关于郑和下西洋的背景，详见 Wang Gungwu, "Early Ming Relations with Southeast Asia: A Background Essay," in John K. Fairbank, ed. *The Chinese World Order: Traditional China's Foreign Relations*, Cambridge, Mass., 1968, pp. 34 - 62. 关于对郑和下西洋的研究，详见 Joseph Needham, *Science and Civilization in China*, 6 vols. to date, Cambridge, 1954 -, vol. 4, no. 3, pp. 486 - 553; J. J. L. Duyvendak, "The True Dates of the Chinese Maritime Expeditions in the Early Fifteenth Century," in *T'oung Pao* 34, 1939, pp. 341 - 412; *China's Discovery of Africa*, London, 1949; Morris Rossabi, "Cheng Ho and Timur: Any Relation?" in *Oriens extremus* 20, 1939, pp. 129 - 136; Jung-Pang Lo, "The Termination of the Early Ming Naval Expeditions," in James B. Parsons, ed. *Papers in Honor of Professor Woodbridge Bingham*, San Francisco, 1976, pp. 127 - 140. 关于郑和下西洋文献翻译资料，详见 Ma Huan, *The Overall Survey of the Ocean's Shores*, trans. J. V. G. Mills, Cambridge, 1970.（即（明）马欢，《瀛涯胜览》，详见（明）马欢，万明校注，《明朝本〈瀛涯胜览〉校注》，北京：海洋出版社，2005 年。——译注）

海和几乎所有重要的印度洋港口。郑和用这些物资与很多港口建立了商业和外交关系,返程时还带回大量异域物资,包括香料、香脂、纺织品、宝石、药材,甚至还有动物,例如一只著名马林迪长颈鹿,经过孟加拉被运送到皇家园林,另外一只则直接从马林迪运回。

郑和在处理异域民族事务时,尽可能采取外交手段进行说服,但随行的船员还包括 28000 多名全副武装的士兵,以备动用武力。郑和在苏门答腊曾俘虏了巨港的海盗首领和苏木都剌(Samudra)的皇位篡夺者,这两个人之后在中国被处死;在锡兰,郑和曾与反抗的国王交战,俘虏了国王和他的家人,将他们带到中国,后来他们被永乐皇帝释放。除此之外,郑和也在撒拉(阿拉伯亚丁附近)和摩加迪沙使用武力。

总的来说,郑和下西洋主要出于政治和商业目的,而非传播文化思想。公元 1409 年,在锡兰南部树立的一座石碑就说明了这一点。这座石碑以汉语、泰米尔语和波斯语三种语言记载了郑和舰队。三种不同语言的铭文中都尊奉各自的宗教文化信仰——汉语铭文颂扬释迦牟尼和锡兰佛教徒群体、泰米尔铭文颂扬毗湿奴的化身塔纳瓦列-那耶那勒神(Tenavarai-nayanar)、波斯铭文赞美安拉和伊斯兰教圣徒。这些铭文还提到郑和慷慨地为释迦牟尼、毗湿奴和安拉献祭,包括 1000 两黄金、500 两银子、100 匹丝绸、大量香油和基督教饰物等。

170　以锡兰石碑来看,明朝航海者和支持者并无意传播中国文化和价值观念。至少在早期阶段,郑和下西洋寻求与异域民族建立商业和外交关系,谋求他们对明朝“天朝上国”的认可。我们无法得知郑和下西洋是否具有明显的文化和思想意图,但的确引起了一系列文化影响。由于各种原因郑和下西洋在公元 1433 年被中止,我们也无法对其做出准确判断。国内的洪涝、饥荒和瘟疫引起了严重的经济问题,明宫廷削减了对下西洋的经费支持。同时,明朝的一些儒士不再信任支持和组织下西洋的太监集团,他们认为海外贸易并不重要,并且充满危险,严重影响农业和手工业发展,最终将建造船只的经费用于发展民生。不久之后,中国人甚至忘掉了建造宝船的技术，那些曾让从爪哇到马林迪各地的人羡慕不已的宝船已成为了历史。

二、伊斯兰教的持续扩张

当郑和下西洋到达印度洋时，伊斯兰教势力在政治和商业交往的推动下也不断对外扩张。在西班牙，再征服运动对穆斯林格拉纳尔王国发起疯狂进攻；公元 1492 年，格拉纳尔王国最终瓦解。然而，伊斯兰教势力在其他地方不断扩张，甚至影响到了欧洲——奥斯曼土耳其帝国巩固了伊斯兰教在安纳托利亚的地位，并扩张到了埃及、巴尔干，乃至匈牙利等东欧地区。伊斯兰教在印度的传播比较缓慢，印度穆斯林统治者加强了他们在信德、古吉拉特和孟加拉等地的统治。由于突厥统治者和征服者全力资助、支持伊斯兰教，这些地区在政治、社会和经济压力下也逐渐改宗伊斯兰教。　171

曾经到过这些地区的一些旅行者，记载了那些不信教的人迫于压力而逐渐改宗伊斯兰教。例如，在尼科波利斯战役（公元 1369年）被俘虏的约翰·希尔特伯格（Johann Schiltberger）记载了自己在奥斯曼帝国服役三十年的经历。希尔特伯格鄙视伊斯兰教，将其称为"邪恶的宗教"，抵抗各种改宗压力。但改宗伊斯兰教的现象很普遍，希尔特伯格记载了一个基督教徒改宗伊斯兰教的完整仪式。改宗者公开奉安拉为上帝，穆罕默德为上帝的使者，然后得到新的衣服，参加欢庆活动。那些贫穷的改宗者还获得了财物资助。[①] 而希尔特伯格的经历，也表明伊斯兰教的压力和诱惑并非不可抵制。他经过数年谋划，最终逃脱监禁，回到家乡巴伐利亚。

然而，另一些人则遭受到更大的迫使其加入多数人所秉持的文化的压力。公元 15 世纪末期，俄罗斯商人阿发那西·尼吉丁

---

① Johann Schiltberger, *The Bondage and Travels of Johann Schiltberger*, *a Native of Bavaria*, *in Europe*, *Asia*, *and Africa*, *1396 - 1427*, trans. J. B. Telfer, London, 1879, pp. 74 - 75, p. 102.

(Athanasius Nikitin)先后到达阿拉伯、波斯和印度等地。在离开家乡的第四个复活节时，他说，尽管面临着巨大的改宗压力，自己还是孜孜不倦地坚守基督教节日，但也坦承不知道还能坚持多久。意大利商人尼可拉·康迪（Niccolò Conti）最终不堪压力改宗伊斯兰教，并让教皇尤金尼厄斯四世（Eugenius IV）宽恕他的叛教行为。著名的人文学者、教皇的秘书波吉奥·布拉乔利尼（Poggio Bracciolini）对此十分感兴趣，记载了康迪的事迹，从而使其广为人知。康迪在大马士革开始经商生涯，学了一些阿拉伯语，后来游历波斯、印度、苏门答腊等地；他在返回欧洲途中经过埃及，在那里感受到了巨大的改宗压力，声明要脱离基督教加入伊斯兰教。为了得到教皇的宽恕，他解释这样做是为了摆脱恐惧和照顾他的妻子和两个儿子。最终，康迪安全返回意大利，但他的妻儿在黑死病爆发期间死在了开罗。[①]

尽管，这些人的认识和经历各不相同，但他们的事迹都表明政治、社会和经济压力引发的改宗过程，说明伊斯兰社会有着很多机会和诱因让基督教徒改宗。虽然也有人可能保持自己的信仰，但由于长期无法履行正常的宗教仪式，与主流宗教文化缺乏联系，他们很难坚守自己的信仰。无论出于何种原因，很多人都改宗伊斯兰教，那些固定的改宗仪式和典礼就是证明。

西方现存的记载主要是那些抵制伊斯兰教的人的经历，很少提到改宗者。只有安塞尔莫·托麦达在自传中，提到有些基督教徒会自愿改宗伊斯兰教。托麦达是来自马略卡岛的圣方济各会修士，曾在莱里达和博洛尼亚学习神学。根据其描述，他是在探讨了《新约》有关"保惠师"（耶稣许诺他们不久将会到来，并为他的大众带来福祉）篇章之后改宗伊斯兰教（《约翰福音》，14：16－17，14：26，15：26，16：7－14）。基督教将这类保惠师当做圣灵，伊斯兰教神学家坚持公元8世纪之后保惠师专指穆罕默德。现代学者认为

---

① 关于尼吉丁和康迪的经历，详见 R. W. Major, ed. *India in the Fifteenth Century*, London，1857。

托麦达改宗伊斯兰教是出于其他原因,因为中世纪后期天主教会道德败坏,他的宗教理想破灭,再加上他可能出生于犹太家庭,为了躲避政治活动和宗教裁判所的审问。无论出于何种原因,托麦达在公元1368年到达突尼斯之后,公开背叛基督教,改宗伊斯兰教。苏丹赠予他一些黄金第纳尔、衣服、一名妻子(后来他们育有一子),还任命他担任税收官。大约在公元1420年,他写了一本自传,记载了自己的改宗经历、突尼斯苏丹的历史以及对基督教的抨击等。[①] 173

中世纪欧洲究竟有多少人背叛基督教,改宗伊斯兰教呢?当然,托麦达并不是唯一的例子,但具体数字无法确认。尽管如此,托麦达的经历说明了当基督教徒与他们自身的社会和文化发生冲突时,改宗伊斯兰教也是一个比较实际的选择。

不仅西部伊斯兰世界存在着密集的跨文化交流,而且东部东南亚地区的伊斯兰教也急剧发展。最晚于公元13世纪,古吉拉特商人就已经将伊斯兰教传入苏门答腊的贸易中心;公元15世纪,伊斯兰教在东南亚急速发展。与其他地区一样,商人总是异域文化和宗教传统传播的先驱,东南亚很多人自愿改宗伊斯兰教。伊斯兰教的快速传播与东南亚主要贸易港口马六甲的兴起有着密切联系。关于马六甲的各种文献资料都得以保存,为我们分析马六甲的发展提供了便利。

马六甲可以追溯到拜里迷苏剌(Paramesvara)。拜里迷苏剌是公元14世纪末期三佛齐巨港城的王子,巨港城主要信奉印度教,经营海外贸易。[②] 公元14世纪90年代,拜里迷苏剌在巨港发动了

---

① Miguel de Epalza, *La Tuhfa. Autobiografía islámica de Abdallha al-Taryuman* (*fray Anselmo Turmeda*), Rome, 1971.

② 关于马六甲早期历史,详见 Kernial Singh Sandhu, *Early Malaysia*, Singapore, 1973, pp. 50 - 61; C. W. Wake, "Melaka in the Fifteenth Century: Malay Historical Traditions and the Politics of Islamization," in Kernial Singh Sandhu and Paul Wheatley ed. *Melaka: The Transformation of a Malay Capital, c. 1400 - 1980*, ed, 2vols, Kuala Lumpur, 1983, vol. 1, pp. 128 - 161. 关于公元16世纪的情况,详见 Tomé Pires, *The Suma Oriental of Tomé Pires*, ed. and trans. A. Cortesāo, 2vols, London, 1944, vol. 2, pp. 229 - 289。

叛乱，失败后逃离家乡，来到了今马来亚半岛新加坡附近。他杀死了当地统治者（暹罗国王的属臣），夺取政权；后来，他和他的海上卫队转移到沿海地带，到达马六甲地区。马六甲的早期统治者出动舰队迫使贸易船只在马六甲停靠，从而收取赋税。他们还通过征服或联盟方式，控制了大部分经过东南亚地区的贸易。公元1403年，马六甲发展成为一个繁荣的港口，并且在此后数百年间快速发展。公元1511年，葡萄牙人征服马六甲时，马六甲城市人口已经达到50000多。葡萄牙商人汤姆·皮雷（Tomé Pires）说，马六甲大街上可以听到84种语言。

马六甲的快速发展极大地推动了伊斯兰教在东南亚的扩张。马六甲的统治者与暹罗的佛教王国建立了密切联系，获得了更多的外部支持。同时，他们还与活跃在东南亚杰出的穆斯林商人联合起来，但是这些穆斯林商人很难与信仰佛教的暹罗王国打交道。穆斯林群体在马六甲地区不断扩大，卡迪、毛拉、苏菲派信徒和其他文化权威人士都随商人而来。公元15世纪末期，马六甲已经成为伊斯兰教的研究中心，同时也是东南亚宣扬伊斯兰教传教士的主要来源地。

大量涌现的穆斯林给马六甲统治阶层带来了深刻的政治影响。拜里迷苏剌统治期间，他的皇宫在马六甲郊外。他很少与外邦人打交道，让他的儿子管理马六甲。其子继位以后，将皇宫移到了马六甲中心地区，并改宗伊斯兰教，且为自己取了一个新名字"梅加特依斯干达沙"（Megat Iskandar Shah）。尽管梅加特依斯干达沙自愿改宗伊斯兰教，将他的统治与伊斯兰世界的文化传统和价值联系起来，但他并不排斥原有的传统文化。梅加特依斯干达沙及后来的马六甲统治者，继续遵循从巨港继承的印度教和佛教文化传统。他们在皇宫沿用印度教和佛教仪式，并且以三佛齐的政治传统证明其统治的合法性。可以说，他们并没有完全抛弃本土的统治思想。

自愿改宗异域文化传统往往是一个比较平和有序的过程，但马六甲地区自愿改宗伊斯兰教却导致了族群关系的紧张，有时甚至充满暴力。在梅加特依斯干达沙改宗之前，马六甲统治阶层分为两个集团：一是马来亚的统治贵族，另外一个是富裕的穆斯林商人。梅加特依斯干达沙改宗之后，形成两个新的集团：一个是倾向保持印度教和佛教传统的集团，另一个是将伊斯兰教作为建立商业和政治联盟基础的集团。马六甲第三任国王的摄政者钟爱印度教和佛教传统，于公元 1445 年挑起了两个集团的争端。他的尝试不仅失败，而且激怒了朝廷中的伊斯兰教集团。这场争斗以穆扎法尔·沙（Muzaffir Shah）的胜利告终。穆扎法尔·沙巩固了在马六甲的统治，将伊斯兰教定为国教，以伊斯兰法进行统治。接着他在整个地区推广伊斯兰教，夺取对新加坡海峡的控制，征服了马来亚半岛和苏门答腊，并让其统治者改宗伊斯兰教。这些成就使穆扎法尔·沙声名远播，远至中国、印度和阿拉伯等地都知道他的威名，他也被整个伊斯兰世界称为统治马六甲的第一位苏丹。

正如其他地区改宗异域文化传统一样，统治阶层自愿改宗促进了伊斯兰教在马六甲和东南亚各个社会阶层的确立。作为地方传统社会与印度洋伊斯兰世界之间的连接者、中转人，统治阶层将伊斯兰教传播到当地社会。随着统治阶层的改宗，穆斯林的卡迪和导师作为东南亚王室和城市的文化代表，他们的影响不断扩大。同时，组织贸易行会的印度苏菲派也广泛传播他们的信仰。苏菲派灵活的教义融合了马来亚多神论和泛神信仰，将传统文化和伊斯兰教文化传统联系起来。

由此可见，本土传统文化以及文化融合的重要作用——像其他地方一样，东南亚地区改宗伊斯兰教并没有导致传统文化传统的消失，或被其他文化取代，而是出现了文化融合。影子戏仍旧表演的是印度教诗歌；此外，尽管伊斯兰教徒向安拉祷告，但湿婆和毗湿奴的符咒仍旧存在——实际上，有时，印度教仪式的符咒也被用于表达伊斯兰教信仰。[①] 直到 18 世纪，文化和政治当局才开始热

---

① Richard Winstedt, *The Malays：A Culture History*, rev. ed. Singapore, 1981, pp. 35 - 38.

衷于清除前伊斯兰文化的元素,并确立伊斯兰信仰在东南亚的权威正统地位。

公元15世纪,伊斯兰教进一步扩张。无论在安纳托利亚和东欧通过征服或施加压力迫使人们改宗,还是在东南亚通过贸易推动人们自愿改宗,伊斯兰教群体都不断快速扩张。15世纪末期,当爪哇、苏门答腊和马来半岛等地到处都建有清真寺时,伊斯兰教信仰也开始出现在摩鹿加群岛甚至菲律宾南部地区。在公元1000—1500年长达500年的时间中,伊斯兰教发展成为一种世界性的文化信仰、价值观念和人文知识的源泉。任何一个生活在公元1500年前后的人都会感受到伊斯兰教的巨大影响力。

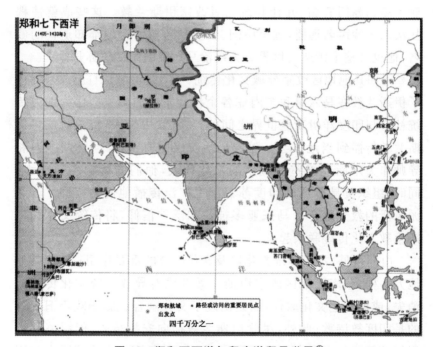

图10　郑和下西洋与印度洋贸易世界①

---

① 地图来源:张芝联,《世界历史地图集》,第77页。——译注

三、西方的出现

与欧亚大陆其他地区一样,西欧也深受黑死病的破坏,直到公元15世纪才逐渐复兴。欧洲实力强大以后,开始对外征服,其中之一就是前面所提到的西班牙再征服运动。14世纪后期,再征服运动曾一度终止,15世纪上半叶在伊比利亚复杂的政治形势中又得以恢复。1453年,君士坦丁堡的陷落在西班牙激起了发动十字军运动的热情。15世纪80年代,当费迪南德和伊莎贝拉王朝合并之后,再征服运动再次变得紧迫。1492年,由于穆斯林格拉纳尔王国内部分裂和衰落,基督教重新在伊比利亚半岛确立起来。随后,在被征服的穆斯林和获胜的基督教徒之间呈现出新一轮的交流。如再征服运动早期阶段那样,交流的主要形式是通过政治、社会和经济压力迫使人们改宗异域文化传统。在狂热的基督教传播过程中,获胜的西班牙人分别在1492年和1502年,驱逐了那些拒绝改宗基督教的犹太人和穆斯林。除此以外,历史学家还认为再征服运动对西班牙帝国在美洲的发展产生了重大影响。实际上,就是在再征服运动中,西班牙对其他民族的认识和政策,以及在美洲的管理措施和机构逐渐形成。[1] 可以说,再征服运动是衔接近代之前和早期近代世界历史最重要的事件之一。

15世纪欧洲从黑死病中复苏的另外一个标志是重新开始进行扩张和殖民活动。[2] 历史学家一直认为香料贸易的巨大利润,是推动欧洲开始进行大规模航行探险的主要原因。然而,最近研究表

177

---

[1] H. B. Johnson, ed. *From Reconquest to Empire*: *The Iberian Background to Latin American History*, New York, 1970.

[2] 关于对此的研究,详见 Charles Verlinden, *The Beginnings of Modern Colonization*, trans. Y. Freccero, Ithaca, 1970; Felipe Fernández-Armesto, *Before Columbus*: *Exploration and Colonization from Mediterranean to the Atlantic*, 1229 - 1492, London, 1978; J. R. S. Phillips, *The Medieval Expansion of Europe*, Oxford, 1988, pp. 227 - 259.

明另外两种商品蔗糖和黄金,也推动了 15 世纪欧洲的扩张。在十字军运动期间,欧洲人就已经尝到了蔗糖的美味,那些种植蔗糖并将其贩卖到西部和北部市场的人获得了大量利润。早在 13 世纪初期,欧洲人就在被征服的地中海岛屿,建立甘蔗种植园。最终,欧洲人为了寻求能够种植甘蔗的土地,将目光投向了地中海以外地区,进入大西洋。14 世纪后期—15 世纪期间,热那亚、西班牙和葡萄牙的航海者征服了地中海—大西洋群岛,其中包括亚速尔群岛、马德拉群岛和加纳利群岛等,在那里建立了蔗糖种植园,供应欧洲市场消费。

如果说蔗糖将欧洲人带入到了大西洋,那么黄金则刺激他们去非洲探险。自古以来,在欧洲人心目中,非洲就以盛产黄金著名。公元 11 世纪后,欧洲与北非城市主要的贸易商品就是黄金、象牙和奴隶。14—15 世纪期间,曼萨·穆萨前往麦加朝圣途中在开罗大肆挥霍黄金的事件,在欧洲引起了巨大反响,刺激了西方人对贵金属的渴望。一幅绘制于公元 1375 年的著名世界地图,描绘非洲国王曼萨·穆萨一手握着权杖,一手拿着很多金条。葡萄牙和西班牙航海者在西非沿岸探险,将贸易转到沿海地区,因为他们在那里可以与非洲商人直接进行黄金贸易,无需经过陆路,更不必到北非市场交换黄金。

这些早期到达大西洋和西非的欧洲人自然引起了跨文化交流,但这次跨文化交流的难度和悲惨程度远远超过了再征服运动。葡萄牙人航海者在西非沿岸探险,绕过博哈多尔角,到达好望角,他们不仅发现了黄金市场,而且极其残忍地破坏了当地村庄,将村民变为奴隶。最早记载葡萄牙人越过博哈多尔角进行探险的戈麦斯·埃尼斯·德·阿祖拉拉(Gomes Eannes de Azurara),经常提到这些劫掠,有时也提到五十多名,甚至更多的非洲人被俘虏。他计算公元 1434—1448 年间,他的同胞将 927 名奴隶从非洲贩卖到了葡萄牙(还有其他奴隶在非洲葡萄牙人的据点和贸易聚集区服务,无法得知具体数目)。奴隶贸易发展很快,威尼斯航海者卡达莫斯托(Cadamosto)估计葡萄牙人在 15 世纪中期每年从位于几内亚的

178

阿尔金(Arguim)据点运输一千多名奴隶。

阿祖拉拉指出早期奴隶贸易的残酷性。他亲眼所见第一批在拉各斯被贩卖的奴隶,等待他们的命运就是捕奴者拆散他们的家庭,将父母和孩子卖给不同的主人,将他们输往各地——

> 但是,是什么让他们如此残忍,灭绝人性? 你看(那些奴隶)有些垂头丧气、以泪洗面、相互观望而束手无策;有些人痛苦地呻吟、仰天长叹,甚至嚎啕大哭,像是在寻求上天的帮助;还有人双手捂住脸颊,在离开他们家乡之后,唱着凄惨的歌曲表达他们的痛苦。

当看到这些奴隶改宗到基督教时,阿祖拉拉感到些许安慰。他说,所有改宗的人很快就学会了葡萄牙语,他们的后代都坚持基督教信仰。阿祖拉拉还提到,那些在葡萄牙的奴隶待遇较好,不用戴铁链,适应了葡萄牙的生活方式;他们没有逃亡,逐渐淡忘了家乡,物质和精神环境都得到了改善,开始了新的生活。[①] 尽管这些文献没有从奴隶的角度阐述,但阿祖拉拉的见证表明,有些奴隶自愿改宗基督教和欧洲文化,有的奴隶则是被迫改宗。

如果非洲人是因为与欧洲人的接触被监禁和奴化,而加纳利群岛的人遭受了更悲惨的命运——他们的文化消失了,他们整个民族被灭绝了。特纳利夫岛(Tenerife)的关契斯人(Guanches)和其他岛屿的族群都是新石器时代从北非来到加纳利的,与柏柏尔人同源,在 1 世纪早期与(非洲)大陆失去了联系。15 世纪,尽管他们的技

179

---

① Gomes Eannes de Azurara, *The Chronicle of the Discovery and Conquest of Guinea*, trans. C. R. Beazley and E. Prestage, 2 vols, London, 1896 – 1899, vol. 1, pp. 79 - 86, vol. 2. p. 201, p. 288. 引文出自第 1 卷第 81 页。G. R. Crone, ed. *European in West Africa*, 1450 -1560, 2vols. London, 1942。关于以不同的视角、极为详细的考察葡萄牙人与西非的交往,详见 Ivana Elbl, "Cross - Cultural Trade and Diplomacy: Portuguese Relations with West Africa, 1441 – 1521", in *Journal of World History* 3, 1992, pp. 165 - 204。

术落后,大量居民被俘虏沦为奴隶,仍然挫败了葡萄牙和西班牙人的数次入侵。但是,1478 年之后,西班牙的费迪南德和伊莎贝拉两位君主发动了长期的战争,于 1496 年征服了加纳利。正如在非洲犯下的罪恶一样,当时的记载都强烈谴责西班牙在加纳利所犯下的暴行。最早记载加纳利被征服的西班牙编年史学家阿隆索·德·埃斯皮诺萨(Alonso de Espinosa)认为——

> 众所周知,无论从神权,还是从人权来讲,西班牙人发动战争征服这些岛屿的土著人和西部地区的印第安人,都是不公正的,没有任何理由支持他们。因为这些土著人从来没有踏上基督教土地,也没有越过自己的领地骚扰、侵略他们的邻居。如果说西班牙人为了传播《圣经·新约》福音书,那也应该通过告诫、讲道和说教的方式,而不是通过战鼓、旌旗和武力的方式。①

从一定程度上说,西班牙人的胜利是因为加纳利群岛的土著人对西班牙的战马、火枪、火炮、弩和铜剑等武器感到恐惧,西班牙人正是用此对抗加纳利人的主要武器石头和巨砾。尽管有这些先进的武器装备,西班牙人还是付出大量伤亡,耗费了大量时间。如果没有传播到加纳利岛疾病的帮助,西班牙很难取得胜利。在征服的数十年间,外来疾病让当地社会感到十分困惑,不知所措,造成了大量人口死亡。1400 年,这个岛屿大约有 80000 多人。当疾病开始肆虐时,人口少得几乎无法有效地抵抗西班牙的侵略。②

从疾病和西班牙人侵略中幸存下来的人,见证了他们民族和文化逐渐消失的过程。他们中有很多人被俘沦为奴隶,也有与征服

---

① Alonso de Espinosa, *The Guanches of Tenerife*, trans. C. Markham, London, 1907, pp. 90 - 91.

② 关于对加纳利岛的征服,详见 Alfred W. Crosby, *Ecological Imperialism: The Biological Expansion of Europe*, 900 - 1900, New York, 1986, pp. 70 - 103; John Mercer, *The Canary Islanders: Their Prehistory, Conquest, and Survival*, London, 1980。

者通婚,进入新的文化环境。同非洲奴隶一样,加纳利群岛土著人也是经过同化和被迫的方式,改宗了基督教和欧洲文化。

关契斯人被同化和被迫改宗基督教的过程较为特殊,与 1400 年出现在特纳利夫岛的圣母马利亚像有关。[①] 尽管,欧洲人在这时没有开始征服行动,但已经知道加纳利岛的位置。圣母马利亚像是被一些不明的船只带到了特纳利夫岛。关契斯人迅速对神秘的圣母马利亚像产生了敬畏之情。几十年间他们在不知所以然的情况下保护神像,对其充满敬畏。曾在 15 世纪早期被西班牙人俘虏的关契斯人安东(Anton)后来回到了家乡。作为曾被贩卖到西班牙的奴隶,安东在那里学习西班牙语,改宗了基督教。根据阿隆索·德·埃斯皮诺萨(Alonso de Espinosa)的记载,安东非常忠于自己的信仰,他的教士允许他返回加纳利教化关契斯人。他来到了安置神像的加纳利村庄。这里的居民向他展示了神像,并向他询问情况。安东立即认出了神像,随即开始祷告,向关契斯人讲述了他的信仰,并解释说,圣母马利亚就是关契斯人的天空和太阳神。[②]

同化和被迫显然是安东改宗欧洲文化和基督教的原因。后来,所有关契斯人和在 15 世纪后期的瘟疫和战争中幸存的人都这样改宗了基督教。关契斯人的文化最终消失了,现在关契斯人语言大概只剩下 9 个句子和大约两百多个单词。安东的改宗并没能阻止关契斯人文化的灭亡,或许他也并没有想过去保护这些文化。安东既没有保护,也没有破坏关契斯人的文化。作为文化中介者,他的努力只是让关契斯人能够更轻易地从他们的传统文化过渡到异域基督教文化中。

---

① Alonso de Espinosa, *The Guanches of Tenerife*, trans. C. Markham, pp. 45 - 78.

② 此处作者还提到,安东向关契斯人称圣母马利亚是 Guayaxerax 和亚加亚人(Achaman)的母亲。Guayaxerax 疑为关契斯人幸存文字,疑指关契斯当地的人,详见 Hyde Clarke, "On the Ethnological Position of the Guanches, as Dependent on Their Philiological Relations," in Hyde Clarke, ed. *Transactions of the Ethnological Society of London*, vol. 7, Royal Anthropological Institute of Great Britain and Ireland, 1896。——译注

四、面向新的世界秩序:15 世纪末期以后

欧洲在西非和加纳利岛的经历说明了技术和疾病在跨文化交流中所发挥的作用。技术和疾病在很早时期就影响着跨文化交流。例如,罗马帝国和中国很多王朝的建立都因为拥有比周边民族更先进的技术;同时,疾病也极大地破坏了丝绸之路早期和蒙古帝国时期的商业和文化交流。

但是在早期,技术从未使得一个民族像早期近代欧洲那样变得强大。在欧亚大陆很多历史时期,文明中心比周围地区都有着明显的技术优势,这些技术改善了他们与其他地区的军事、政治和经济关系。优良的技术在早期就快速扩散,没有哪一个民族能够永久拥有或者长期垄断这些技术。[①] 尽管,中国历朝历代都颁布无数律法和敕令,也没能阻止冶金技术、精良的青铜和铁制品流向游牧民族。除此以外,由于早期技术的实际影响并不很大,很多民族并不想制定特别的措施防止技术外流。例如,军事技术让中国军队能够在正面交锋中保持对游牧民族的优势,但是游牧民族擅长骑射、长途奔袭能力极强,能够利用辽阔的草原击退、战胜装备精良的敌人,所以游牧民族很少进行正面交锋。

如果说技术对早期的政治形势没有决定性的影响,那么疾病更是如此了。早期麻疹和天花等疾病的流行并未完全扰乱人们的生活。这些疾病有可能造成先前没有接触过病原体的民族大量死亡,例如对于某些与世隔绝的新石器时期的族群。[②] 然而,当文明形成之后,尤其长途贸易和交流网络形成以后,疾病在欧亚大陆东部地区广泛传播,对所经地区都产生了同样的影响,疾病几乎让所有民族都受到病原体的侵袭。例如,沿着陆上丝绸之路传播的疾

---

① 麦克尼尔对技术的积累和扩散做出了大量研究,详见 William H. McNeill, *The Rise of the West*, Chicago, 1963; "The Rise of the West after Twenty - Five Years," in *Journal of World History* 1, 1990, p. 1 - 21.

② William H. McNeill, *Plagues and Peoples*, Garden City, 1976, pp. 1 - 76.

病造成了汉帝国和罗马帝国、贵霜和安息等地人口大量减少,14世 183
纪黑死病破坏了整个欧亚大陆社会,只有不适于黑线鼠生长的斯堪的纳维亚和印度南部地区免遭破坏。

从15世纪起,优良的技术和疾病让欧洲人在与其他民族的交往中受益匪浅。这些技术并不是全新的,也并不都起源于欧洲,也有一些来自东方,尤其是印度洋,例如阿拉伯商人和航海者带到地中海的三角帆等。欧洲人借鉴了其他民族很多的航海和军事技术,进行了改良、积累,达到与其他民族的技术相当,甚至有所超越的程度。15世纪,当欧洲人进入大西洋时,他们不仅拥有便于操作的船舶和能够记录行程以确保安全返航的设备,也装备了足以摧毁其他民族的强大武器,这些民族从未见过破坏性如此之强的武器。即使在19世纪蒸汽轮船和其他先进武器出现之前,这些航海和军事技术也足以让欧洲人可以控制其他民族,长期确保西方在世界上的霸权。

在某些地区,疾病对欧洲人的帮助远远超过技术。当欧洲人经过艰险地航行,第一次进入此前没有接触过疾病病原体的地区,诸如加纳利群岛、美洲大陆以及太平洋岛屿时,他们带去了很多疾病。与这些地区的民族相比,他们对这些疾病具备免疫力。有时候,这些疾病会将整个社会摧毁,例如继关契斯人之后,加勒比海 184
的阿拉瓦人、泰诺人以及塔斯马尼亚岛的土著都灭绝了。当地人即使幸存,他们的社会组织也被瓦解了。外来疾病在这些从未接过触此类病原体的人群中肆虐,不仅危及他们的生命,而且破坏了维系族群团结的社会政治和文化结构。这些被疾病破坏的社会变得十分脆弱,再也无力抵抗那些对疾病有免疫力的民族所发起的侵略和扩张。

无论优良的技术和疾病单独还是共同发挥作用,都深刻地改变了早期近代跨文化交流的动力。可以说,在欧洲人通过政治、社会和经济压力迫使人们改宗、引发文化转变的过程中,技术和疾病极大地增强了欧洲人的这种能力,增加了文化消亡的几率。从丝绸之路早期甚至更早时代起,世界各地所发生的跨文化交流,基本

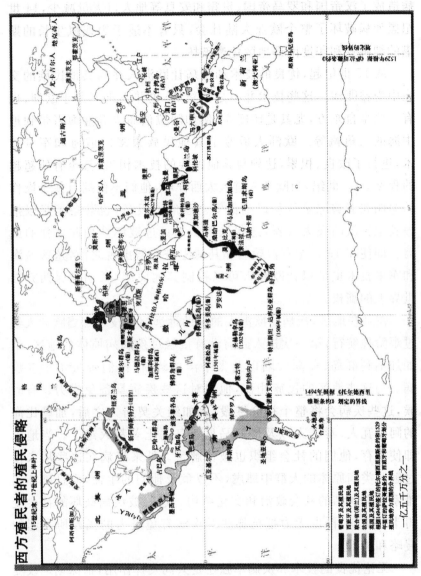

图 11　西方的征服与早期近代的世界形势①

---

① 地图来源：张芝联，《世界历史地图集》，第89页。——译注

上都是通过贸易流散群体将新的文化传播到各地,那里的人们自愿改宗,或者通过军事活动和殖民扩张将自己的文化传统强加给其他民族。无论通过何种方式,跨文化交流都引发了文化融合。但是,在个别地区,例如加勒比海、美洲和太平洋岛屿,技术和疾病却发挥了很大的作用,完全破坏了这些地区的社会结构和文化传统。而分析近代(15世纪)以来跨文化交流的动力、考察跨文化交流的过程和影响、探讨文化消亡的彻底性和长期性、判断长期身处困境的文化传统生存及其复兴潜力,只能诉诸下一步研究了。

参考文献

Abulafia, David S. H. — "The End of Muslim Sicily," in James M. Powell, ed. *Muslims under Latin Rule*, *1100 -1300*, Princeton, 1990, pp. 103 - 133.

Abu-Lughod, Janet L. — *Before European Hegemony: The World System*, *A. D. 1250 -1350*, New York, 1989.

Adshead, S. A. M. — *China in World History*, London, 1988.

Ahmad, Aziz. — *Studies in Islamic Culture in the Indian Environment*, Oxford, 1964.

Al-Biruni — *Alberuni's India*, trans. E. C. Sachau, 2vols, Delhi, 1964.

Al-Nadim — *The Fihrist of al-Nadim: A Tenth Century survey of Muslim Culture*, trans. B. Dodge, 2vols, New York, 1970.

Al-Qur'a — A Contemporary Translation, trans. A. Ali, Princeton, 1988.

Anawati, Georges. — "Factors and Effects of Arabization and Islamization in Medieval Egypt and Syria," in Speros Vryonis ed. *Islam and Culture Change in the Middle Ages*, Wiesbaden, 1975, pp. 17 - 41.

Arnold. T. W. — *The Preaching of Islam*, 2d ed. London, 1913.

Asmussen, J. P. — "Christians in Iran," in *Cambridge History of Iran*, 6vols, Cambridge, 1983, vol. 3, no. 2, pp. 924 - 948.

Azurara, Gomes Eannes de. — *The Chronicle of the Discovery and Conquest of Guinea*, trans. C. R. Beazley and E. Prestage, 2vols, London, 1896 - 1899.

Bachrach, Bernard S. — *Early Medieval Jewish Policy in Western Europe*, Minneapolis, 1977.

——. *A History of the Alans in the West*, Minneapolis, 1973.

Barfield, Thomas J. — *The Perilous Frontier: Nomadic Empires and China*, Cambridge, Mass. , 1989.

Barth, Fredrik — *Ethnic Groups and Boundaries*, Boston, 1969.

Beckwith, Christopher I. — *The Tibetan Empire in Central Asia*, Princeton, 1987.

Bede. — *Bede's Ecclesiastical History of the English People*, B. Colgrave and

R. A. B. Mynors, eds. Oxford, 1969.

Bel, Alfred. — *La religion musulmane en Berbérie*, Paris, 1938.

Blake, John William, — *Europeans in West Africa*, 1450 - 1560, 2vols, London, 1942.

Bovill, E. W. — *The Golden Trade of the Moors*, 2d ed. London, 1968.

Boyce, Mary. — Zoroastrians: *Their Religious Beliefs and Practices*, London, 1979.

Bretschneider, E. — *Mediaeval Researches from Eastern Asiatic Sources*, 2vols. New York, 1967.

Budge, E. A. Wallis trans — *The Monks of Kublai Khan*, *Emperor of China*, London, 1928.

Bulliet, Richard W. — *The Camel and the Wheel*, Cambridge, Mass. , 1975.

——. "Conversion Stories in Early Islam," in Michael Gervers and Ramzi Jibran Bikhazi eds. *Conversion and Continuity*: *Indigenous Christian Communities in Islamic Lands*, *Eighth to Eighteenth Centuries*, pp. 123 - 133, Toronto, 1990.

——. *Conversion to Islam in the Medieval Period*, Cambridge, Mass. , 1979.

Burns, Robert I. —"Journey from Islam: Incipient Cultural Transition in the Conquered Kingdom of Valencia (1240 - 1280)," in *Speculum* 35, 1960, pp. 337 - 356.

——. *Muslims*, *Christians*, *and Jews in the Crusader Kingdom of Valencia*, Cambridge, 1984.

——. "Renegades, Adventurers, and Sharp Businessmen: The Thirteen-Century Spaniard in the Cause of Islam," in *Catholic Historical Review* 58, 1972, pp. 341 - 366.

Cahen, Claude. — *Pre-Ottoman Turkey*, trans. J. Jones-Williams, New York, 1968.

Cartier, Michel. — "Barbarians through Chinese Eyes: The Emergence of an Anthropological Approach to Ethnic Differences," in *Comparative Civilizations Review* 6, 1982, pp. 1 - 14.

Casson, Lionel, ed. and trans. — *The Periplus Maris Erythraei*, Princeton, 1989.

Chau Ju-kua, *See* Zhau Rugua.

Chaudhuri, K. N. — *Asia before Europe*: *Economy and Civilisation of the Indian Ocean from the Rise of Islam to 1750*, Cambridge, 1990.

——. *Trade and Cvilisation in the Indian Ocean*: *An Economic History from the Rise of Islam to 1750*, Cambridge, 1985.

Chavannes, Edouard —"Inscriptions et pièces de chancellerie chinoise de l'époque mongole," in *T'oung Pao* 9,1908, pp. 297 - 428.

Chavannes, Edouard and Paul Pelliot. — "Un traité manichéen retrouvé en Chine," in *Journal asiatique* 10th series 18,1911, pp. 499 - 617; 11th series 1,1913, pp. 99 - 199, pp. 261 - 394.

Ch'en, Kenneth K. S. — *Buddhism in China: A Historical Survey*, Princeton, 1964.

Ch'en Yüan — *Western and Central Asians in China under the Mongols: Their Transformation into Chinese*, trans. H. Ch'ien and L. Carrington Goodrich, Los Angeles, 1966.

Chittick, Neville. — *Kilwa: An Islamic Trading City on the East African Coast*, 2vols. Nairobi, 1974.

Chittick, H. Neville, and Robert I. Rotberg, eds. — *East Africa and the Orient: Cultural syntheses in Pre-Colonial Times*, New York, 1975.

Chou Ta-kuan. *See* Zhou Daguan.

Chuvin, Pierre. — *A Chronicle of the Last Pagans*, trans. T B. A. Archer, Cambridge, Mass. , 1990.

Coedès, George. — *The Indianized States of Southeast Asia*, trans. S. B. Cowing, Honolulu, 1968.

Coope, Jessica. — "Religious and Cultural Conversion to Islam in Ninth Century Umayyad Córdoba," in *Journal of World History* 4,1993.

Creel, H. G. — "The Role of the Horse in Chinese History," in *American Historical Review* 70,1965, pp. 647 - 672.

Grone, G. R. ed. — *The Voyages of Cadamosto*, London, 1937.

Grosby, Alfred W. — *Ecological Imperialism: The Biological Expansion of Europe*, New York, 1986.

Cumont, Franz. — *The Mysteries of Mithra*, trans. T. J. McCormack, New York, 1956.

Curtin, Philip D. — *Cross-Cultural Trade in World History*, New York, 1984.

Daniel, Norman. — *The Arabs and Mediaeval Europe*, 2d ed. London, 1979.

Dawson, Christopher. ed. — *The Mongol Mission*, New York, 1955.

de Bary, William Theodore, ed. — *Sources of Indian Tradition*, 2vols, New York, 1958.

Dennett, Daniel C. — *Conversion and the Poll Tax in Early Islam*, Cambridge, Mass. , 1950.

Dols, Michael W. — *The Black Death in the Milddle East*, Princeton, 1977.

Donner, Fred McGraw. — *The Early Islamic Conquests*, Princeton,1981.

Duckett, Eleanor. — *The Wandering Saints of the Early Middle Ages*, New York, 1964.

Dunhuang Institute for Cultural Relics — *The Art Treasures of Dunhuang*, New York, 1981.

Dunlop, D. M. — *History of the Jewish Khazars*, Princeton, 1954.

Dunn, Ross E. — *The Adventures of Ibn Battuta: A Muslim Traveler of the Fourteenth Century*, London, 1986.

Duyvendak, J. J. L. — *China's Discovery of Africa*, London, 1949.

——. "The True Dates of the Chinese Maritime Expeditions in the Early Fifteenth Century," in *T'oung Pao* 34,1939, pp. 341 – 412.

Egami, Namio. —"Olon-Sume et la découverte de l' église catholique romaine de Jean de Montecorvino," in *Journal Asiatique* 240,1952, pp. 155 – 167.

Elbl, Ivana. —"Cross-Cultural Trade and Diplomacy: Portuguese Relations with West Africa, 1441 – 1521," in *Journal of World History* 3, 1992, pp. 165 – 204.

Elias, Norbert. — *The History of Manners*, trans. E. Jephcott, New York, 1978.

——. *Power and Civility*, trans. E. Jephcott, New York, 1982.

Elvin, Mark. — *The Pattern of the Chinese Past*, Stanford, 1973.

Emmerrick, R. E. — "Buddhism among Iranian Peoples," in *Cambridge History of Iran*, 6vols. Cambridge, 1983, vol. 3, no. 2, pp. 949 – 964.

Ennin. Ennin's Diary — *The Record of a Pilgrimage to China in Search of the Law*, trans. E. O. Reischauer, New York, 1955.

Epalza, Miguel de — *La Tuhfa: Autobiografía y polémica islámica contra el cristianismo de Abdllha al-Taryuman (fray Anselmo Turmeda)*, Rome, 1971.

Espinosa, Alonso de — *The Guanches of Tenerife*, trans. C. Markham, London, 1907.

Fa-hsien. *See* Faxian.

Faxian. — *A Record of Buddhistic Kingdoms*, trans. James Legge, Oxford, 1886.

Fernández-Armesto, Felipe — *Before Columbus: Exploration and Colonisation from the Mediterranean to the Atlantic*, *1229 – 1492*, London, 1987.

Filesi, Teobaldo. — *China and Africa in the Middle Ages*, trans. D. L. Morison, London, 1972.

Fisher, Humphrey J. — "Conversion Reconsidered: Some Historical Aspects of Religious Conversion in Black Africa," in *Africa* 43,1973, pp. 27 – 40.

Flint, Valerie I. J. — *The Rise of Magic in Early Mediaeval Europe*, Princeton, 1991.

Fouracre, Paul. — "The Work of Audoneus of Rouen and Eligius of Noyon in Extending Episcopal Influence from the Town to the Country in Seventh-Century Neustria," in *Studies in Church History* 16,1979, pp. 77 - 91.

Frank, Andre Gunder. — "The Thirteenth-Century World System: A Review Essay," in *Journal of World History* 1,1990, pp. 249 - 256.

——. "A Plea for World System History," in *Journal of World History* 2, 1991, pp. 1 - 28.

Frantz-Murphy, Gladys. — "Conversion in Early Islamic Egypt: The Economic Factor," in Yusuf Ragib, ed. *Documents de l' Islam médiéval. Nouvelles perspectives de recherche*, Cairo, 1991, pp. 11 - 17.

Frend, W. H. C. — "Some Cultural Links between India and the West in the Early Christian Centuries," in *Theoria to Theory* 2,1968, pp. 306 - 311.

Fulcher of Charters — *A History of the Expedition to Jerusalem*, 1095 - 1127, trans. F. R. Ryan, ed. H. S. Flink, New York, 1973.

Geertz, Clifford. — *Islam Observed: Religious Development in Morocco and Indonesia*, Chicago, 1968.

Greffcken, Johannes. — *The Last Days of Greco-Roman Paganism*, trans. S. MacCormack, Amsterdam, 1978.

Gernet, Jacques. — *Les aspects économiques du bouddhisme dans la société chinoise du Ve au Xe Siécle*, Saigon, 1956.

Gervers, Michael, and Ramzi Jibran Bikhazi, eds. — *Conversion and Continuity: Indigenous Christian Communities in Islamic Lands, Eighth to Eighteenth Centuries*, Toronto, 1990.

Glick, Thomas F — *Islamic and Christian Spain in the Early Middle Ages*, Princeton, 1979.

Goitein, S. D. ed. — *Letters of Medieval Jewish Traders*, Princeton, 1973.

——. *A Mediterranean Society*, 5 vols. Berkeley, 1967 - 1988.

Gokhale, B. G. — *Asoka Maurya*, New York, 1966.

Goodrich, L. Carrington — "Westerners and Central Asians in Yuan China," in *Oriente poliano*, Rome, 1957, pp. 1 - 21.

Grant, Frederick C. ed. — *Hellenistic Religions: The Age of Syncretism*, Indianapolis, 1953.

Gregory of Tours — *History of the Franks*, trans. E. Brehaut, New York, 1916.

Groslier, Bernard F. — *Angkor: Art and Civilization*, trans. E. Smith, New

York, 1966.

——. *Angkor et le Cambodge au XVIe Siécle d'après les sources portugaises et espagnoles*, Paris, 1958.

Grousset, René. — *The Empire of the Steppes: A History of Central Asia*, trans. N. Walford, New Brunswick, 1970.

Gumilev, L. N. — *Searches for an Imaginary Kingdom: The Legend of the Kingdom of Prester John*, trans. R. E. F. Smith, Cambridge, 1987.

Hall, D. G. E. — *A History of South-East Asia*, 4th ed. New York, 1981.

Halphen, Louis. — *Charlemagne and the Carolingian Empire*, trans. G. de Nie, Amsterdam, 1977.

Hamilton, James. ed. — Manuscrits ouighurs du IXe – Xe siècle de Touen-Houang, Paris, 1986.

Harden, Donald. — *The Phoenicians*, New York, 1962.

Hay, Denys. — Europe: *The Emergence of an Idea*, rev. ed. Edinburgh, 1968.

Heer, Friedrich. — *Charlemagne and His World*, New York, 1975.

Heissig, W. — *A Lost Civilization: The Mongols Rediscovered*, trans. D. J. S. Thomson, London, 1966.

——. *The Religions of Mongolia*, trans. G. Samuel, London, 1980.

Heitzman, James. — "Early Buddhism, Trade and Empire," in Kenneth A. R. Kennedy and Gregory L. Possehl, ed. *Studies in the Archaeology and Palaeoanthropology of South Asia*, New Delhi, 1984, pp. 121 – 137.

——. *The Origin and Spread of Buddhist Monastic Institutions in South Asia, 500 B. C. – 300A. D.*, Philadelphia, 1980.

Helms, Mary W. — *Ulysses' Sail: An Ethnographic Odyssey of Power, Knowledge, and Geographical Distance*, Princeton, 1988.

Herskovits, Melville J. — *Acculturation*, Gloucester, Mass., 1958.

Heyerdahl, Thor. — *Early Man and the Ocean*, London, 1978.

Ho, Ping-ti. — *The Cradle of the East*, Hong Kong, 1975.

Hodges, Richard, and David Whitehouse. — *Mohammed, Charlemagne and the Origins of Europe: Archaeology and the Pirenne Thesis*, Ithaca, 1983.

Hodgson, Marshall G. S. —"Hemispheric Interregional History as an Approach to World History," in *Cahiers d'histoire mondiale* 1, 1954, pp. 715 – 723.

——. *The Venture of Islam*, 3 vols, Chicago, 1974.

Horton, Robin. — "African Conversion," in *Africa* 41, 1971, pp. 85 – 108.

——. "On the Rationality of Conversion," *in Africa* 45, 1975, pp. 219 – 235, pp. 373 – 399.

Hourani, George F. — *Arab Seafaring in the Indian Ocean in Ancient and Early Medieval Times*, Princeton, 1951.

Houston, G. W. — "An Overview of Nestorians in Inner Asia," in *Central Asiatic Journal* 24, 1980, pp. 60 - 68.

Hsüan Tsang. *See* Xuanzang.

Hudson, G. F. — *Europe and China*, Boston, 1961.

Ibn Battuta. — *The Travels of Ibn Battuta*, A. D. 1325 - 1354, trans. H. A. R. Gibb, 3vols, Cambridge, 1956 - 1971.

Ibn Jubayr. — *The Travels of Ibn Jubayr*, trans. R. J. C. Broadhurst, London, 1952.

Ibn Munqidh — Usamah. *An Arab-Syrian Gentleman and Warrior in the Period of the Crusades: Memoirs of Usamah Ibn-Munqidh*, trans. Philip K. Hitti, New York, 1929.

I-ching. See Yijing.

Iklé, Frank W. — "The Conversion of the Alani by the Franciscan Missionaries in China in the Fourteenth Century," in B. Parsons ed. *Papers in Honor of Professor Woodbridge Bingham*, San Francisco, 1976, pp. 29 - 37.

Ikram, S. M. — *Muslim Civilization in India*, New York, 1964.

Jagchid, Sechin and Van Jay Symons. — *Peace, War, and Trade along the Great Wall*, Bloomington, 1989.

James, Edward. — *The Franks*, Oxford, 1988.

Jaspers, Karl. — *The Origin and Goal of History*, trans. M. Bullock, New Haven, 1953.

Johnson, H. B. ed. — *From Reconquest to Empire: The Iberian Background to Latin American History*, New York, 1970.

Jolly, Karen Louise. — "Anglo-Saxon Charms in the Context of a Christian World View," in *Journal of Medieval History* 11, 1985, pp. 279 - 293.

——. "Magic, Miracles, and Popular Practice in the Early Medieval West: Anglo-Saxon England," in Jacob Neusner, E. S. Frerichs, and Paul V. M. Flesher, ed. , *Religion, Science, and Magic in Concert and in Conflict*, pp. 166 - 182, New York, 1989.

Jones, W. R. — "The Image of the Barbarian in Medieval Europe," in *Comparative Studies in Society and History* 13, 1971, pp. 376 - 407.

Kedar, Benjamin Z. — *Crusade and Mission: European Approaches toward the Muslims*, Princeton, 1984.

——. "The Subjected Muslims of the Frankish Levant," in James M. Powell ed. *Muslims under Latin Rule*, 1100 - 1300, Princeton, 1990, pp. 135 - 174,

Klimkeit, Hans - J. — "Christian-Buddhist Encounter in Medieval Central Asia," in G. W. Houston, ed. *The Cross and the Lotus*, pp. 9 - 24, Delhi, 1985.

——. "Christians, Buddhists and Manichaeans in Medieval Central Asia," in *Buddhist-Christian Studies* 1,1981, pp. 46 - 50.

Koshelenko, G. — "The Beginnings of Buddhism in Margiana," in *Acta antiqua* 14,1966, pp. 175 - 183.

Kuan, Huan. — *Discourses on Salt and Iron*, trans. E. M. Gale, Leiden, 1931.

Kwanken, Luc. — *Imperial Nomads: A History of Central Asia*, 500 -1500, Philadelphia, 1979.

Lamotte E. — *History of Indian Buddhism*, trans. S. Webb-Boin, Louvain, 1988.

Landon, Kenneth Perry. — *Southeast Asia: Crossroad of Religion*, Chicago, 1949.

Lapidus, Ira M. — "The Conversion of Egypt to Islam," in *Israel Oriental Studies* 2,1972, pp. 248 - 262.

——. *A History of Islamic Societies*, Cambridge, 1988.

Latourette, Kenneth Scott. — *A History of the Expansion of Christianity*, 7vols. New York, 1937 - 1945.

Lattimore, Owen. — *Inner Asian Frontiers of China*, 2d ed. New York, 1951.

——. "A Ruined Nestorian City in Inner Mongolia," in *Studies in Frontier History*, London, 1962, pp. 221 - 240.

León-Portilla, Miguel. — "El processo de acullturación de los chichimecas de Xólotl," in *Estudios de cultura nahuatl* 7,1968, pp. 59 - 86.

Levtzion, Nehemia. — *Ancient Ghana and Mail*, London, 1973.

——. *Conversion to Islam*, New York, 1979.

——. "Patterns of Islamization in West Africa," in Levtzion ed. *Conversion to Islam*, pp. 207 - 216. New York, 1979.

Lewicki, Tadaeusz. — "Prophètes antimusulmans chez les berbères médiévaux," in *Boletín de la associación espa? ola de orientalistas* 3,1967, pp. 143 - 149.

——. "Surviances chez les berbères médiévaux d' ère musulmane de cultes anciens et de croyances païennes," in *Folia orientalia* 8,1967, pp. 5 - 40.

Lewis, Archibald R. — *Nomads and crusaders*, A. D. *1000 - 1368*, Bloomington, 1988.

Li Chih-ch'ang. See Li Zhichang.

Li Zhichang. — *The Travels of an Alchemist*, trans. A. Waley, London, 1931.

Lieu, Samuel N. C. — *Manichaeism in the Later Roman Empire and Medieval*

China: A Historical Survey, Manchester, 1985.

——. *The Religion of Light: An Introduction to the History of Manichaeism in China*, Hong Kong, 1979.

Liu Xinru. — *Ancient India and Ancient China: Trade and Religious Exchanges*, A. D. 1 - 600, Delhi, 1988.

Lo, Jung-Pang. — "The Termination of the Early Ming Naval Expeditions," in James B. Parsons, ed. *Papers in Honor of Professor Woodbridge Bingham*, San Francisco, 1976, pp. 127 - 140.

Lopez, Robert S. — *The Commercial Revolution of the Middle Ages*, Cambridge, 1976.

Ma Huan. — *The Overall Survey of the Ocean's Shores*, trans. J. V. G. Mills, Cmbridge, 1970.

Maalouf, Amin. — *The Crusades through Arab Eyes*, trans. J. Rothschild, London, 1984.

MacKay, Angus. — "Religion, Culture, and Ideology on the Late Medieval Castilian-Granadan Frontier," in Robert Bartlett and Angus MacKay eds. *Medieval Frontier Societies*, Oxford, 1989, pp. 217 - 243.

Mackerras, Colin. ed. and trans. — *The Uighur Empire according to the T'ang Dynastic Histories*, Columbia, S. C. , 1972.

MacMullen, Ramsay. — *Christianizing the Roman Empire* (A. D. 100 -400), New Haven, 1984.

Maenchen-Helfen, Otto. — "Manichaeans in Siberia," in Walter J. Fischel, ed. *Semitic and Oriental Studies*, Berkeley, 1951, pp. 311 - 326.

——. *The World of the Huns*, Berkeley, 1973.

Major, R. W. ed. — *India in the Fifteenth Century*, London, 1857.

Majumdar, R. C. ed. — *The Classical Accounts of India*, Calcutta, 1981.

Marvazi, S. — *Sharaf al-Zaman Tahir Marvazi on China, the Turks and India*, trans. V. Minorsky, London, 1942.

McNeill, William H. — "The Eccentricity of Wheels, or Eurasian Transportation in Historical Perspective," in *American Historical Review* 92, 1987, pp. 1111 - 1126.

——. *Plagues and Peoples*, Garden City, 1976.

——. *The Rise of the West*, Chicago, 1963.

——. "The Rise of the West after Twenty-Five Years," in *Journal of World History* 1, 1990, pp. 1 - 21.

Mercer, John. — *The Canary Islanders: Their Prehistory, Conquest, and Survival*, London, 1980.

Mingana, A. — "The Early Spread of Christianity in Central Asia and Far East: A New Document," in *Bulletin of the John Rylands Library* 9, 1925, pp. 297 – 371.

Minorsky, V. — "Tamim Ibn Bahr's Journey to the Uyghurs," in *Bulletin of the School of Oriental and African Studies* 12, 1948, pp. 275 – 305.

Miyakawa, Hisayuki. — "The Confucianization of South China," in Arthur F. Wright ed. *The Confucian Persuasion*, Stanford, 1960, pp. 21 – 46.

Montgomery, James A. trans. — *The History of Yaballaha III, Nestorian Patriarch, and of His Vicar Bar Sauma*, New York, 1927.

Morgan David. — *The Mongols*, Oxford, 1986.

Morony, Michael G. — "The Age of Conversions: A Reassessment," in Michael Gervers and Ramzi Jibran Bikhazi, ed. *Conversion and Continutiy: Indigenous Christian Communities in Islamic Lands, Eighth to Eighteenth Centuries*, pp. 135 – 150, Toronto, 1990.

——. *Iraq afer the Muslim Conquest*, Princeton, 1984.

Moscati, Sabatino. — *The World of the Phoenicians*, trans. A. Hamilton, New York, 1965.

Moule, A. C. — *Christians in China before the year 1550*, London, 1930.

Nattier, Jan. — "The Heart Sutra: A Chinese Apocryphal Text?" in *Journal of the International Association of Buddhist Studies*, forthcoming.

——. "Buddhism in Central Asia: The State of the Field," Unpublished conference paper delivered before the American Academy of Religion, November, 1988.

Needham, Joseph. — *Science and Civilisation in China*, 6vols. to date, Cambridge, 1954 – .

Neill, Stephen. — *A History of Christianity in India: The Beginnings to A. D. 1707*, Cambridge, 1984.

Nock, Arthur Darby. — *Conversion: The Old and the New in Religion from Alexander the Great to Augustine of Hippo*, Oxford, 1933.

Noonan, Thomas S. — "What Does Historical Numismatics Suggest about the History of Khazaria in the Ninth Century?" in *Archivum eurasiae medii aevi* 3, 1983, pp. 265 – 281.

Nurse, Derek, and Thomas Spear — *The Swahili*, Philadelphia, 1985.

Pagels, Elaine. — *Adam, Eve, and the Serpent*, New York, 1988.

Panikkar, K. M. — *India and China: A Study of Cultural Relations*, Bombay, 1957.

——. *India and the Indian Ocean: An Essay on the Influence of Sea Power in*

Indian History, 2d ed. London, 1951.

———. *Lectures on India's Contact with the World in the Pre-British Period*, Nagpur, 1964.

Peel, J. D. Y. — "Conversion and Tradition in Two African Societies," in *Past and Present* 77, 1977, pp. 108 – 141.

Pelliot, Paul. — "Chrétiens d'Asie centrale et d' extreme orient," in *T'oung Pao* 15, 1914, pp. 623 – 644.

Phillips, J. R. S. — *The Medieval Expansion of Europe*, Oxford, 1988.

Pires, Tomé. — *The Suma Oriental of Tomé Pires*, 2vols, A. Cortes ão, ed. and trans. London, 1944.

Polo, Marco. — *The Book of Ser Marco Polo*, 3d ed. 2 vols. Henry Yule and Henri Cordier, ed. and trans. London, 1929.

———. *The Description of the World*, 2 vols. A. C. Moule and Paul Pelliot, ed. and trans. London, 1938.

Powell, James M. , ed. — *Muslims under Latin Rule*, 1100 – 1300, Princeton, 1990.

Rabinowitz, L. — *Jewish Merchant Adventures: A Study of the Radanites*, London, 1948.

Rachewiltz, Igor de. — *Papal Envoys to the Great Khans*, Stanford, 1971.

———. "Yeh-lü Ch'u-ts'ai (1189 – 1243): Buddhist Idealist and Confucian Statesman," in A. F. Wright and D. Twitchett, ed. *Confucian Personalities*, pp. 189 – 216, Stanford, 1962.

Raschke, Manfred G. — "New Studies in Roman Commerce with the East," in H. Temporini and W. Haase, ed. *Aufstieg und Niedergang der römischen Welt*, 2vols. Berlin, 1978, vol. 2, no. 9: 2, pp. 604 – 1361.

Ratnagar, Shereen. — *Encounters: The Westerly Trade of the Harappa Civilization*, Delhi, 1981.

Reischauer, Edwin O. — *Ennin's Travels in T'ang China*, New York, 1955.

Richard, J. — "Essor et déclin de l' église catholique de Chine au XIVᵉ siècle," in *Bulletin de la société des missions étrangères*, 2d series 134, 1960, pp. 285 – 295.

———. "Les missionaries latins dans l'Inde au XIVᵉ siècle," in *Studi veneziani* 12, 1970, pp. 231 – 242.

———. "The Mongols and the Franks," in *Journal of Asian History* 3, 1969, pp. 45 – 57.

———. La papauté *et les missions d'orient au moyen age* (XIIIᵉ – XVᵉ siècles), Rome, 1977.

Richards, D. S. ed. — *Islam and the Trade of Asia*, Philadelphia, 1970.

Ricklefs, M. C. — "Six Centuries of Islamization in Java," in Nehemia Levtzion, ed. *Conversion to Islam*, pp. 100 – 128, New York, 1979.

——. *Khubilai Khan: His Life and Times*, Berkeley, 1988.

——. *Voyager from Xanadu: Rabban Sauma, First Eastern Emissary to the West*, Berkeley, 1992.

Rouleau, Francis J. — "The Yangchow Latin Tombstone as a landmark of Medieval Christianity in China," in *Harvard Journal of Asiatic Studies* 17, 1954, pp. 346 – 365.

Rouse, Irving. — *Migrations in Prehistory: Inferring Population Movement from Cultural Remains*, New Haven, 1986.

Rousselle, Aline. — "From Sanctuary to Miracle-Worker: Healing in Fourth Century Gaul," in Robert Forster and Orest Ranum, ed. *Ritual, Religion, and the Sacred*, Baltimore, 1982, pp. 95 – 127.

Saeki, P. Y. — *The Nestorian Documents and Relics in China*, 2d ed. Tokyo, 1951.

Sandhu, Kernial Singh. — *Early Malaysia*, Singapore, 1973.

Sandhu, Kernial Singh, and Paul Wheatley — "The Historical Context," in Kernial Singh Sandhu and Paul Wheatley, ed. *Melaka: The Transformation of a Malay Capital, c. 1400 – 1980*, 2vols. Kuala Lumpur, 1983, vol. 1, pp. 3 – 69.

Saunders, J. J. — *Muslims and Mongols*, Christchurch, 1977.

Schafer, Edward H. — *The Golden Peaches of Samarkand: A Study of T'ang Exotics*, Berkeley, 1963.

——. *The Vermilion Bird: T'ang Images of the South*, Berkely, 1967.

Schiltberger, Johann. — *The Bondage and Travels of Johann Schiltberger, a Native of Bavaria, in Europe, Asia, and Africa, 1396 – 1427*, trans. J. Telfer, London, 1879.

Schneider, Jane. — "Was There a Pre-Capitalist World System?" in *Peasant Studies* 6, 1977, pp. 20 – 29.

Scott, David A. — "Christian Responses to Buddhism in Pre-Medieval Times," in *Numen* 32, 1985, pp. 88 – 100.

——. "Medieval Christian Responses to Buddhism," in *Journal of Religious History* 15, 1988, pp. 165 – 184.

Sedlar, Jean W. — *India and the Greek World: A Study in the Transmission of Culture*, Totowa, 1980.

Sima Qian — *Records of the Grand Historian of China*, 2vols, trans. B.

Watson, New York, 1961.

Simkin, C. G. F. — *The Traditional Trade of Asia*, London, 1968.

Sinor, Denis. — "Central Eurasia," in Denis Sinor ed. *Orientalism and History*, 2d ed. Bloomington, 1970, pp. 93 – 119.

Southern, R. W. — *Western Views of Islam in the Middle Ages*, Cambridge, Mass. , 1962.

Speidel, Michael P. — *Mithras-Orion: Greek Hero and Roman Army God*, Leiden, 1980.

Ssu-ma Ch'ien. *See* Sima Qian.

Stancliffe, C. E. — "From Town to Country: The Christianization of the Touraine, 370 – 600," in *Studies in Church History* 16, 1979, pp. 43 – 59.

Stein, Aurel. — *On Ancient Central Asian Tracks*, London, 1933.

Tao, Jing-shen. — *The Jurchen in Twelfth-Century China: A Study of Sinicization*, Seattle, 1976.

Tarn, W. W. — *Hellenistic Civilisation*, 3d ed. New York, 1961.

Teggart, Frederick J. — *Rome and China: A Study of Correlations in Historical Events*, Berkeley, 1939.

Thapar, Romila. — *Asoka and the Decline of the Mauryas*, Oxford, 1961.

——. "The Image of the Barbarian in Early India," in *Comparative Studies in Society and History* 13, 1971, pp. 408 – 436.

Thompson, E. A. — *The Visigoths in the Time of Ulfila*, Oxford, 1966.

Tibbetts, G. R. — *Arab Navigation in the Indian Ocean before the Coming of the Portuguese*, London, 1971.

Toussaint, Auguste. — *History of the Indian Ocean*, trans. J. Guicharnaud, Chicago, 1966.

Trimingham, J. Spencer. — *The Influnce of Islam upon Africa*, 2d ed. London, 1980.

Tsukamoto, Zenryu. — "Historical Outlines of Buddhism in Tunhuang," in *Chinese Buddhist Texts from Tunhuang*, Kyoto, 1958, pp. 1 – 10.

——. *A History of Early Chinese Buddhism*, trans. L. Hurvitz, 2vols, Tokyo, 1985.

Ulansey, David. — *The Origins of the Mithraic Mysteries*, New York, 1989.

Verlinden, Charles. — *The Beginnings of Modern Colonization*, trans. Y. Freccero, Ithaca, 1970.

Vitry, Jacques de. — *Lettres de Jacques de Vitry*, ed. R. B. C. Huygens, Leiden, 1960.

Vryonis, Speros. — *The Decline of Medieval Hellenism in Asia Minor and the*

Process of Islamization from the Eleventh through the Fifteenth Century, Berkeley, 1971.

——, ed. *Islam and Cultural Change in the Middle Ages*, Wiesbaden, 1975.

Wake, C. W. — "Melaka in the Fifteenth Century: Malay Historical Traditions and the Politics of Islamization," in Kernial Singh Sandhu and Paul Wheatley, ed. *Melaka: The Transformation of a Malay Capital*, c. 1400 – 1980, 2vols, Kuala Lumpur, 1983, vol. 1, pp. 128 – 161.

Wang Gungwu. — "Early Ming Relations with Southeast Asia: A Background Essay," in John K. Fairbank, ed. *The Chinese World Order: Traditional China's Foreign Relations*, Cambridge, Mass. , 1968, pp. 34 – 62.

——. *The Nanhai Trade: A Study of the Early History of Chinese Trade in the South China Sea*, Kuala Lumpur, 1958.

Weinstein, Stanley. — *Buddhism under the T'ang*, Cambridge, 1987.

Wheatley, Paul. — *The Golden Khersonese*, Kuala Lumpur, 1961.

White, Lynn. — *Medieval Technology and Social Change*, Oxford, 1962.

——. "Tibet, India, and Malaya as Sources of Western Medieval Technology," in *American Historical Review* 65,1960, pp. 515 – 526.

Widengren, Geo. — *Mani and Manichaeism*, trans. C. Kessler, New York, 1965.

Winstedt, Richard. — *The Malays: A Cultural History*, rev. ed. Singapore, 1981.

Wittfogel, Karl, and Feng Chia-sheng. — *History of Chinese Society: Liao (907 -1125)*, Philadelphia, 1949.

Wolf, Kenneth Baxter. — *Christian Martyrs in Muslim Spain*, Cambridge, 1988.

Wolters, O. W. — *History, Culture, and Region in Southeast Asian Perspectives*, Singapore, 1982.

Wright, Arthur F. — *Buddhism in Chinese History*, Stanford, 1959.

——. "Fo-t'u-teng: A Biography," in *Harvard Journal of Asiatic Studies* 11, 1948, pp. 321 – 371.

——. *The Sui Dynasty*, New York, 1978.

Wyngaert, A. van den, ed. — *Sinica franciscana*, 3vols, Florence, 1929 – 1936.

Xuanzang. — *Si-yu-ki: Buddhist Records of the Western World*, trans. Samuel Beal, 2vols. London, 1906.

Yang Hsüan-chih *See* Yang Xuanshi.

Yang Xuanshi — *Memories of Loyang: Yang Hsüan-chih and the Lost Capital*

(*493 - 534*), trans. W. J. F. Jenner, Oxford, 1981.

——. *A Record of Buddhist Monasteries in Lo-yang*, trans. Yi-t'ung Wang, Princeton, 1984.

Yijing. — *Chinese Monks in India*, trans. L. Lahiri, Delhi, 1986.

——. *A Record of Buddhist Religion as Practised in India and the Malay Archipelago* (*A. D. 671 - 695*), trans. J. Takakusu, Delhi, 1966.

Yü, Ying-shih. — "Han Foreign Relations," in Denis Twitchett and Michael Loewe, *The Cambridge History of China*, 15 vols, 1966, vol. 1, pp. 377 - 462.

——. *Trade and Expansion in Han China*, Berkeley, 1967.

Yule, Henry, and Henri Cordier, eds. — *Cathay and the Way Thither*, 2d ed. 4 vols. London, 1913 - 1916.

Zaehner, R. C. — *The Dawn and Twilight of Zoroastrianism*, London, 1961.

Zhau Rugua. — *Chu-fan-chi*, trans. F. Hirth and W. Rockhill, New York, 1966.

Zhou Daguan — *The Customs of Cambodia*, trans. P. Pelliot and J. G. Paul, Bangkok, 1987.

Zürcher, E. — *The Buddhist Conquest of China*, 2 vols, Leiden, 1959 - 1972.

索 引

（索引中所标注的为原书页码，即本书边页码）

译 后 记

　　《旧世界的相遇》是杰里·H.本特利教授全球史研究的扛鼎力作。在书中，作者提出了"跨文化交流"的研究范式，从文化改宗、融合和抵制等不同角度，详细分析了近代以前四个历史时期的宗教文化传播，对欧亚大陆主要的宗教文化传播及影响进行了梳理，为方兴未艾的全球史研究，提供了值得参考的实践榜样。但是，令人感到遗憾且有些不解的是，作者对于古代遍布在欧亚大陆各地、最能体现流散群体特性以及跨文化交流的犹太人族群以及犹太教的传播并未有所考察。

　　作者在考察中国与外界的交流时，运用了大量中文文献译文。在翻译过程中，我尽量将这些译文与中文文献相比对，查找原文出处，还原出原始文献；对个别石刻、墓志等，我增加了图片，并标明了出处。同时，为了更好地说明问题，针对原书所用的图示，我都尽量查找专门的研究，并附以更加细致的图示，如张骞出使西域路线、丝绸之路、法显前往印度的路线、玄奘前往印度的路线、马可·波罗行程、伊本·白图泰行程、蒙古帝国、郑和下西洋和印度洋贸易世界、西方的征服等。还需说明的是，有时译文中的边页码存在不连续的现象，所空缺的页码为原书图示的页码，译文中对图示的页码有所调整。

　　对该书的翻译，可谓一波三折、充满荆棘。首先是自己的专业知识及翻译实践能力极为有限；其次是本特利教授身患重病，无法交换翻译过程中所遇到的问题。主客观条件的局限让我只能硬着头皮、鲁莽而上。回想起来，当初决定接手翻译工作，实在太过冒昧和大胆。不过,我还是满怀敬畏和惶恐、战战兢兢地完成了这项艰苦备尝的工作。正因为如此,当怀着忐忑之心将此拙译之作奉献读者之时,如履薄冰、惴惴不安的心情更加难以自抑。译文中的错误与问题,恳请专家学者和广大读者批评指正。

本书的翻译让我体会到师友的帮助对于学业收获的意义。在首都师范大学全球史研究中心学习的三年中,我得到了刘新成、夏继果、施诚、刘文明等老师谆谆教诲。此书的翻译,可权且视为对以往学习一个不合格的总结。张绪山教授在百忙之中为我审稿,对译稿做了多处修改。好友王晓慧、郝志景、周苗、师弟程方毅、魏孝稷,分别为我修改译文中的标点、校稿以及录入参考文献和索引,付出了宝贵的时间和精力。出版社诸先生支持书稿的出版,付出了巨大心血。在此,对他们的盛情高谊一并表示衷心感谢。

本书翻译进行时,我的父亲李振江于 2012 年 4 月 22 日不幸病逝。父亲一生忠厚孝义,善恶分明;艰难持家,苦难相随,操劳一生,将我们抚养成人,而未享一天清福!而今遽然而逝,让我承受锥心之痛,悲叹天道不公!"子欲养而亲不在",每思此憾,则懊悔不已、痛苦不堪;思念与自责难补己之不孝,唯有继承父亲遗志,勤勉刻苦、照顾家人,以告慰父亲在天之灵!

李大伟

2012 年 7 月 30 日于清华园

上海三联人文经典书库

已出书目

（上、下） ［美］亨利·富兰克弗特 著 郭子林 李 岩 李
凤伟 译

15.《大学的兴起》 ［美］查尔斯·哈斯金斯 著 梅义征 译

16.《阅读纸草，书写历史》 ［美］罗杰·巴格诺尔 著 宋立宏
郑 阳 译

17.《秘史》 ［东罗马］普罗柯比 著 吴舒屏 吕丽蓉 译

18.《论神性》 ［古罗马］西塞罗 著 石敏敏 译

19.《护教篇》 ［古罗马］德尔图良 著 涂世华 译

20.《宇宙与创造主：创造神学引论》 ［英］大卫·弗格森 著
刘光耀 译

21.《世界主义与民族国家》 ［德］弗里德里希·梅尼克 著 孟
钟捷 译

22.《古代世界的终结》 ［法］菲迪南·罗特 著 王春侠 曹明
玉 译

23.《近代欧洲的生活与劳作（从 15—18 世纪）》 ［法］G.勒纳尔
G.乌勒西 著 杨 军 译

24.《十二世纪文艺复兴》 ［美］查尔斯·哈斯金斯 著 张 澜
刘 疆 译

25.《五十年伤痕：美国的冷战历史观与世界》（上、下） ［美］德瑞
克·李波厄特 著 郭学堂 潘忠岐 孙小林 译

26.《欧洲文明的曙光》 ［英］戈登·柴尔德 著 陈 淳 陈洪
波 译

27.《考古学导论》 ［英］戈登·柴尔德 著 安志敏 安家瑗
译

28.《历史发生了什么》 ［英］戈登·柴尔德 著 李宁利 译

29.《人类创造了自身》 ［英］戈登·柴尔德 著 安家瑗 余敬
东 译

30.《历史的重建：考古材料的阐释》 ［英］戈登·柴尔德 著
方 辉 方堃杨 译

31.《中国与大战：寻求新的国家认同与国际化》 ［美］徐国琦
著 马建标 译

32.《罗马帝国主义》 ［美］腾尼·弗兰克 著 宫秀华 译

33.《追寻人类的过去》 ［美］路易斯·宾福德 著 陈胜前 译

34.《古代哲学史》 ［德］文德尔班 著 詹文杰 译

35.《自由精神哲学》 ［俄］尼古拉·别尔嘉耶夫 著 石衡潭 译

36.《波斯帝国史》 ［美］A. T. 奥姆斯特德 著 李铁匠等 译

37.《战争的技艺》 ［意］尼科洛·马基雅维里 著 崔树义 译 冯克利 校

38.《民族主义：走向现代的五条道路》 ［美］里亚·格林菲尔德 著 王春华等 译 刘北成 校

39.《性格与文化：论东方与西方》 ［美］欧文·白璧德 著 孙宜学 译

40.《骑士制度》 ［英］埃德加·普雷斯蒂奇 编 林中泽 等译

41.《光荣属于希腊》 ［英］J. C. 斯托巴特 著 史国荣 译

42.《伟大属于罗马》 ［英］J. C. 斯托巴特 著 王三义 译

43.《图像学研究》 ［美］欧文·潘诺夫斯基 著 戚印平 范景中 译

44.《霍布斯与共和主义自由》 ［英］昆廷·斯金纳 著 管可秾 译

45.《爱之道与爱之力：道德转变的类型、因素与技术》 ［美］皮蒂里姆·A. 索罗金 著 陈雪飞 译

46.《法国革命的思想起源》 ［法］达尼埃尔·莫尔内 著 黄艳红 译

47.《穆罕默德和查理曼》 ［比］亨利·皮朗 著 王晋新 译

48.《16 世纪的不信教问题：拉伯雷的宗教》 ［法］吕西安·费弗尔 著 赖国栋 译

49.《大地与人类演进：地理学视野下的史学引论》 ［法］吕西安·费弗尔 著 高福进 等译 ［即出］

50.《马丁·路德的时运》 ［法］吕西安·费弗尔 著 王永环 肖华峰 译

51.《希腊化文明与犹太人》 ［以］维克多·切利科夫 著 石敏敏 译

52.《古代东方的艺术与建筑》 ［美］亨利·富兰克弗特 著 郝

海迪　袁指挥　译

53.《欧洲的宗教与虔诚:1215—1515》　〔英〕罗伯特·诺布尔·斯旺森　著　龙秀清　张日元　译

54.《中世纪的思维:思想情感发展史》　〔美〕亨利·奥斯本·泰勒　著　赵立行　周光发　译

55.《论成为人:神学人类学专论》　〔美〕雷·S.安德森著　叶　汀　译

56.《自律的发明:近代道德哲学史》　〔美〕J.B.施尼温德　著　张志平　译

57.《城市人:环境及其影响》　〔美〕爱德华·克鲁帕特著　陆伟芳　译

58.《历史与信仰:个人的探询》　〔英〕科林·布朗著　查常平　译

59.《以色列的先知及其历史地位》　〔英〕威廉·史密斯　著　孙增霖　译

60.《欧洲民族思想变迁:一部文化史》　〔荷〕叶普·列尔森普　著　周明圣　骆海辉　译

61.《有限性的悲剧:狄尔泰的生命释义学》　〔荷〕约斯·德·穆尔　著　吕和应　译

62.《希腊史》　〔古希腊〕色诺芬　著　徐松岩　译注

63.《罗马经济史》　〔美〕腾尼·弗兰克　著　王桂玲　杨金龙　译

64.《修辞学与文学讲义》　〔英〕亚当·斯密　著　朱卫红　译

65.《从宗教到哲学:西方思想起源研究》　〔英〕康福德　著　曾琼　王　涛　译

66.《中世纪的人们》〔英〕艾琳·帕瓦　著　苏圣捷　译

67.《世界戏剧史》〔美〕G.布罗凯特　J.希尔蒂　著　周靖波　译

68.《20世纪文化百科词典》　〔俄〕瓦季姆·鲁德涅夫　著　杨明天　陈瑞静　译

69.《英语文学与圣经传统大词典》　〔美〕戴维·莱尔·杰弗里(谢大卫)主编　刘光耀　章智源等　译

70.《刘松龄——旧耶稣会在京最后一位伟大的天文学家》　〔美〕斯坦尼斯拉夫·叶茨尼克　著　周萍萍　译

欢迎广大读者垂询,垂询电话:021-22895559

图书在版编目(CIP)数据

旧世界的相遇：近代之前的跨文化联系与交流/[美]本特利
著；李大伟，陈冠堃译. —上海：上海三联书店，2015.12
（上海三联人文经典书库）
ISBN 978 - 7 - 5426 - 5436 - 6

Ⅰ.①旧… Ⅱ.①本…②李…③陈… Ⅲ.①文化交流-文
化史-研究-世界 Ⅳ.①K103

中国版本图书馆 CIP 数据核字(2016)第 000067 号

旧世界的相遇——近代之前的跨文化联系与交流

著　　者 / [美]杰里·H.本特利
译　　者 / 李大伟　陈冠堃
校　　订 / 施　诚

责任编辑 / 黄　韬
装帧设计 / 鲁继德
监　　制 / 李　敏
责任校对 / 张大伟

出版发行 / 上海三联书店
　　　　　(201199)中国上海市都市路 4855 号 2 座 10 楼
网　　址 / www.sjpc1932.com
邮购电话 / 021 - 22895559
印　　刷 / 上海展强印刷有限公司

版　　次 / 2015 年 12 月第 1 版
印　　次 / 2015 年 12 月第 1 次印刷
开　　本 / 640×960　1/16
字　　数 / 250 千字
印　　张 / 13.25
书　　号 / ISBN 978 - 7 - 5426 - 5436 - 6/K·358
定　　价 / 38.00 元

敬启读者，如发现本书有印装质量问题，请与印刷厂联系 021 - 66510725